O Despertar da Visão da Sabedoria

Avalokitesvara, em Tibetano Chenrezi, na forma Simhanada, o rugido do Leão, símbolo da ausência de medo ao proclamar a Verdade. Chenrezi é o *Bodhisattva* que simboliza a compaixão e encarna na sucessão dos Dalai Lamas no Tibete.

Tenzin Gyatso
14º Dalai Lama

O Despertar da Visão da Sabedoria

e

História da Difusão do *Buddhadharma* no Tibete

Tradução
Cristina Almeida Schumacher

EDITORA
TEOSÓFICA

Título do original em Inglês
The Opening of Wisdom-Eye
Edição em Inglês, 1991
Quest Book, The Theosophical Publishing House
Wheaton – U.S.A.

Tenzin Giatso, 14º Dalai Lama
O despertar da visão da sabedoria/Tenzin Giatso. Brasília –DF : Editora Teosófica, 2021.
188 p.

ISBN: 978-85-792202-2-7

Título do original em inglês: *The opening of the wisdom-eye*

1. Budismo
II. Título

CDD 294.3

SIG-Setor de Indústrias Gráficas,
Quadra 6, Nº 1235
70610-460 – Brasília-DF
Fone : (61) 33227843
Email: comercial@editorateosofica.com.br /
editorateosofica@editorateosofica.com.br
Site: www.editorateosofica.com.br

Tradução: Cristina Almeida Schumacker
Tradução do Apêndice: Alberto Brum
Revisão Técnica/Budismo: Alberto Brum
Revisão do português: Zeneida Cereja da Silva
Capa: Tiago Portes
Diagramação: Ana Paula Cichelero

Prefácio à Edição Brasileira

Este texto apresenta princípios fundamentais do ensinamento do Buda de um modo acessível e estimulante, com o objetivo de ser uma introdução à filosofia budista tibetana, ainda não tão conhecida na época da sua redação como é em nossos dias. Foi escrito em 1963 pelo 14º Dalai Lama, o monge filósofo Tenzin Gyatso, regente do Tibete até 1959 e destacado líder espiritual da humanidade.

Ainda criança, Tenzin Gyatso foi identificado como sendo o novo Dalai Lama. Aos seis anos, começou sua educação e treinamento, de acordo com o sistema tradicional tibetano, que inclui artes, poesia, gramática e ortografia tibetana, sânscrito, dialética, metafísica, filosofia da religião e leituras das escrituras religiosas.

Com o auxílio dos seus tutores Trijang Rimpoche e Ling Rimpoche, destacados lamas da linhagem de Tsong-Khapa (a nova *Kadampa* ou *Gelugpa*), foi conduzido aos textos clássicos do Cânone Tibetano e aos ensinamentos da tradição oral. Recebeu a educação monástica nos colégios de Drepung e Sera, e após se dedicar ao estudo, aos debates e à meditação, prestou o exame final, recebendo o título de Geshe Lharampa.

O Dalai Lama tem a habilidade de mostrar-nos a importância e a urgência de buscarmos a via da transformação – "O *Dharma* encoraja o homem a compreender que pode livrar-se de todas as dificuldades do sofrimento (*duhkha*), sejam internas ou externas".

O *Buddhadharma* não é um credo, uma revelação ou uma doutrina. É a exposição resultante de um processo vivencial de alguém que trilhou a "Senda dos *Bodhisattvas*".

Quando o Buda falou sobre o caminho que conduz à iluminação, começou enfatizando a reta compreensão – a "visão da Sabedoria" que possibilita identificar a fonte das ilusões.

Na linguagem da filosofia *Mahāyāna,* "a clara visão" é *Prajnā* – a virtude essencial e o discernimento fundamental: a capacidade de ver além das aparências. Em tibetano é *Sherab,* a percepção essencial. A sabedoria que nos revela as coisas como elas realmente são, uma visão penetrante que capta a insubstancial idade do "eu" (a sua ausência de realidade própria).

Esta obra contém reflexões existenciais úteis a todos nós, especialmente para aqueles que desejam superar os conflitos e atingir a felicidade. Tópicos como o *Dharma,* o renascimento, os dois níveis de verdade (o relativo e o absoluto), o triplo treinamento (a ética, a meditação e a sabedoria), o caminho espiritual (nos seus vários estágios) e as virtudes de um Buda, são abordados de um modo claro e compreensível. Como apêndice incluiu-se o texto "A História da Difusão do *Buddhadharma* no Tibete", também de autoria do Dalai Lama.

A Editora

Sumário

Sumário

Prefácio à Edição de 1991

Estou contente em saber que a The Theosophical Publishing House esta publicando uma nova edição de O DESPERTAR DA VISÃO DA SABEDORIA. Este livro foi escrito por mim em tibetano em 1963, e desde então tem sido publicado em diversas línguas. Procurei fornecer aqui uma introdução clara e abrangente aos ensinamentos do Buda. Estou feliz por saber que muitos consideram esta obra proveitosa.

O Budismo é uma das muitas religiões que nos ensina a ser menos egoístas e mais compassíveis. Ensina-nos a ser humanitários, altruístas e tão interessados nos outros quanto o somos em nós mesmos. Aqueles que possuem inclinação para a senda budista deveriam estudar e entender o significado dos ensinamentos do Buda, pois só podemos praticá-los de modo adequado quando possuímos um conhecimento correto sobre o *Dharma*. Uma boa combinação de estudo e prática produzirá uma visão clara que, por sua vez, nos capacitará a atingir a felicidade para nós e para os outros.

TENZIN GYATSO
O Décimo-Quarto Dalai Lama
12 de agosto de 1991.

Introdução à Edição de 1991

Sempre considero que há dois níveis de espiritualidade: em um sentido, espiritualidade são as várias religiões diferentes. Esta é uma categoria. Em outro tipo de espiritualidade, é possível conservar-se um não crente, sem qualquer religião em especial. Ao mesmo tempo, pode-se permanecer um bom ser humano, uma pessoa afetuosa, alguém com um senso de responsabilidade cooperativa na base de compaixão ou do bom coração. Trata-se de outro nível de espiritualidade.

Somos seres humanos: todos queremos a felicidade e rejeitamos o sofrimento. Creio que a ideia básica de qualquer religião é compaixão, tolerância e perdão. Portanto, a mensagem essencial de diversas religiões diferentes constitui basicamente a melhor porção das qualidades humanas, algo que não é novo. Ao nascermos como seres humanos, tais qualidades, ou suas sementes, já se encontram em nós, o que a religião na verdade faz é tornar claras essas boas qualidades, buscando intensificá-las ou fortalecê-las.

Algumas pessoas acreditam que a natureza humana é agressiva. Não concordo com isto. Creio que desde o nosso nascimento até o nosso último dia o envolvimento da compaixão e da afeição humana constitui fator crucial em nossas vidas. O primeiro ato da criança e da mãe em verdade ocorre através da compaixão. Se a mãe desenvolve algum sentimento negativo em relação ao bebê, então o leite poderá não vir espontaneamente. De forma similar, sem um sentimento de proximidade ou afeição em relação à mãe, o bebê poderá não sugar o leite. Assim, é deste modo que nossa vida se inicia.

De acordo com estudos neurofisiológicos, as primeiras poucas semanas após o nascimento da criança representam o período crucial para a ampliação do cérebro. O toque físico da mãe é um fator essencial para o desenvolvimento do cérebro. Isso demonstra, de forma bastante clara, que o próprio corpo do ser humano parece estar muito ligado à afeição humana.

Novamente, quando estudamos determinadas matérias, na escola ou em qualquer outro lugar, com um professor que não apenas ensina, mas também demonstra afeição humana sincera para com seus alunos, bem como interesse verdadeiro sobre seu futuro ou bem-estar, tais matérias costumam penetrar muito mais a fundo em nosso cérebro. Por outro lado, quando temos um professor que apenas dá a explicação ou ensina sem qualquer interesse, não demonstrando senso de responsabilidade pelo futuro de seus alunos, tal lição estará mais sujeita ao esquecimento. Vemos aqui mais um exemplo de como o funcionamento do cérebro humano da valor à afeição.

Quando nos tornamos mais velho, temos às vezes a impressão de sermos completamente independentes, não precisamos da ajuda dos outros e cremos ter tudo o que é necessário. Negligenciamos o valor positivo da afeição. Dada esta falta do sentimento humano básico, por vezes as profissões que supostamente deveriam servir à humanidade acabam tornando-se destrutivas. Sem a solidariedade humana, a ciência, a tecnologia, a educação e até mesmo a religião, em certas ocasiões, se tornam destrutivas.

Nós, seres humanos, temos, por natureza, grandes aptidões, o emprego da moderna tecnologia na educação veio intensificar ainda mais essas aptidões. No entanto, embora o conhecimento de nosso cérebro esteja se desenvolvendo, outra qualidade humana – o bom coração – não o está alcançando. Por isso, o conhecimento torna-se mais destrutivo, mais negativo. Hoje em dia o mundo esta muito complicado, e grande parte do sofrimento surgiu por falta de solidariedade e afeição humanas. Cresceram as capacidades humanas; o conhecimento humano aumentou. Mas tais desenvolvimentos, sem estarem adequadamente equilibrados com outras qualidades humanas, podem tornar-se um instrumento para cometer erros.

Quando observo nossa estrutura física, penso que nós, seres humanos, possuímos algo único: o sorriso. Alguns símios podem sorrir – mas muito poucos animais o fazem. Assim, em termos gerais, pense que este belo dom do sorriso é uma expressão de felicidade, uma expressão de afabilidade. Se nos zangarmos, o sorriso não virá. Mas a mente humana é bastante sofisticada, portanto, pode ocorrer que o sorriso humano seja usado de forma negativa. O sorriso sarcástico ou diplomático, ao invés de nos transmitir felicidade, alegria ou satisfação, muitas vezes aumenta nossa desconfiança. Porém, no geral, penso que o sorriso é uma expressão de afabilidade.

Observemos então as mãos humanas. Entendo que a mão humana serve para o abraço e não para a agressão. Se esta mesma mão servisse para bater ou dar pancadas, então os dedos seriam desnecessários. A razão é, penso eu, bastante simples. Se eu quiser golpeá-lo com força, meus dedos serão inúteis. É mais fácil ferir com o punho. Neste caso, pode-se infligir dor. Veja, então, como estes dedos servem sobretudo para acolher os outros; aproxime-se, chegue mais perto.

De um modo geral, é verdade que desde o nascimento, enquanto estiver ativa a mente humana, raiva, inveja, orgulho e desconfiança ali estarão ao mesmo tempo. Contudo, ainda creio que a força dominante da mente humana é a compaixão. Do ponto de vista do Budismo, acreditamos que todo ser senciente possui a natureza de Buda. Isto significa, portanto, que há mais razões para a natureza humana ser gentil e menos razões para provar seu caráter agressivo. É nisto que creio.

Uma vez que qualidades humanas como afeição, amor e compaixão representam a força maior da mente, é possível intensificá-las, utilizando os pensamentos humanos de forma adequada, e tornar-se melhor. De nada adianta permanecer na expectativa de alguma solução proveniente do mundo exterior. Devemos encontrá-la por nós mesmos. Assim, é essencial que reconheçamos ou compreendamos nosso potencial para solucionar os problemas humanos. Faz-se necessário apenas que nossas energias e sabedoria sejam utilizadas de forma apropriada. Isto significa sabedoria ou inteligência humana em equilíbrio com o bom coração humano.

Deste modo, não considero tais qualidades como afeição, compaixão etc., como questões de religião ou matéria religiosa apenas – elas dizem respeito a toda a humanidade. É claro que outros assuntos nos sistemas religiosos – como, por exemplo, de acordo com o Budismo, as concepções de *Nirvāna* e Budado – possuem, a meu ver, um caráter específico, mas excetuando-se tais tópicos, as religiões como um todo promovem as boas qualidades humanas.

Na condição de monge budista, creio que se vivermos de modo adequado como bons seres humanos, úteis à sociedade, então, até mesmo sem usarmos um nome religioso, esta atitude estará na realidade nos preparando para o *Nirvāna*, caso contrário, se alguém falar sobre o *Nirvāna* e cometer toda a sorte de atos negativos, isto estará errado.

Na antiguidade, não havia muito contato entre os povoados, e sua sobrevivência não exigia a cooperação de outros seus vizinhos. Os grupos humanos sobreviviam de forma bastante independente. Assim, naquele tempo, se alguém começasse a falar sobre o senso de responsabilidade global, os outros poderiam não lhe dar atenção. Na situação contemporânea, com nossa economia moderna e também com o problema do meio ambiente – como a questão da camada de ozônio – não há fronteiras nacionais. Assim, a presente situação por si mesma nos mostra que a humanidade precisa de um maior senso de responsabilidade global.

Desde 1956 venho tendo uma estreita ligação com a Sociedade Teosófica, dadas as atividades sociais não sectárias e de amplo alcance por ela realizadas. De 1956, quando tivemos nosso primeiro contato, até agora, período este que, em termos de história humana, é muito curto, ocorreram muitas transformações, sobretudo nos últimos um ou dois anos. Este fato indica claramente, penso eu, que não importa o quanto a inteligência humana seja usada na direção errada, nutrindo esperanças falsas, o espírito humano básico terá igual capacidade para desafiar tais erros. Assim, tudo por fim ocorrerá de acordo com a natureza humana básica – por exemplo, o colapso do rígido sistema político comunista em muitas partes do mundo. Por quê? As pessoas desejam a democracia e desejam a liberdade. É a natureza humana. E a forma do colapso ou da mudança nesta situação não acontece pela força, mas pelo movimento popular, pela não violência. A não violência está muito mais próxima da natureza humana básica, e a violência é contra a natureza humana.

Todos pedem, desejam e buscam a paz mundial. Todos querem que o mundo esteja em paz. A paz mundial é muito importante, sobretudo nesta era nuclear. A fim de alcançar a paz, a elaboração de alguns poucos *slogans* não é suficiente. Mantenho a firme crença de que precisamos pensar de um modo diferente para descobrirmos o verdadeiro obstáculo à paz.

Armas e estabelecimentos militares costumam ser construídos ou conservados em nome da paz mundial. Mas enquanto houver armas e soldados, não creio que existirá paz verdadeira. Durante os últimos quarenta anos, sob a ameaça de armas nucleares, ocorreu uma forma de paz relativa. Mas não é verdadeira, visto que provém do medo, e este origina-se na desconfiança. Assim, vejo que é chegado o momento de pensarmos seriamente em como reduzir as forças militares neste planeta. Tão logo armas são produzidas, elas são utilizadas para matar, pois não podem possuir qualquer outra finalidade. Não servem como instrumentos musicais!

Existem alguns lugares completamente desmilitarizados. No meu próprio caso, estou tentando obter que o Tibete venha a ser por fim desmilitarizado. Se permanece parte do território da República Popular da China ou não, esta é outra questão. Mas de qualquer forma aquele país deve ser desmilitarizado – este é meu sonho.

Expressei, portanto, alguns dos meus sentimentos. Por favor, reflita sobre estes pontos, porque vivemos em uma única comunidade e somos cidadãos deste planeta. Se todo o planeta sofre, nós também sofremos. Se todo o planeta obtiver mais paz e harmonia, nós obteremos o mesmo. Assim, cada indivíduo é responsável pela humanidade. Se vocês sentem que estes pontos são importantes, então, enquanto indivíduos, devem tomar alguma iniciativa e fazer um esforço.

Escrevi este pequeno livro tendo em mente as necessidades dos que vivem tanto no Ocidente quanto no Oriente, os quais desejam encontrar o caminho correto e obter conhecimento a respeito do ensinamento (*Dharma*) do Senhor Buda. Seu *Dharma* é tão profundo quanto os oceanos e, ao expô-lo, ele utiliza muitos meios hábeis, expressão de seu Oniconhecimento. Posteriormente, os grandes sábios

Instrutores na Índia desenvolveram alguns meios hábeis adicionais. Neste livro, procurei apresentar ambos os desenvolvimentos original e posterior, omitindo sutilezas filosóficas e pontos de controvérsia, e concentrando-me em questões de aplicação prática.

Sua Santidade Tenzin Gyatso
O Décimo-Quarto Dalai Lama
Varanasi, Índia
27 de dezembro de 1990.

O Despertar da Visão da Sabedoria

Homenagem à Sabedoria Suprema
que analisa perfeitamente todos os *Dharmas*[1]

De acordo com a tradição budista, a presente era é denominada o tempo para a virtude (*sīla-kala*)[2], sendo esta uma das divisões do período de cinco mil anos durante o qual é dito que irá verdadeiramente perdurar o ensinamento do Quarto Buda[3] que apareceu nesta era. A característica religiosa mais importante desta era reside, portanto, na observância dos preceitos morais. Eles se tornam especialmente necessários pois, nesta era atômica, o progresso material tem sido, e continuará a ser, muito rápido. Isto não significa que ele é indesejável, sendo que é preciso estabelecer um equilíbrio entre os benefícios materiais por um lado, e os valores espirituais e a prática religiosa, por outro. Para auxiliar na correção da ênfase unilateral sobre a materialidade, os ensinamentos do Senhor Buda podem ser muito úteis. Estes ensinamentos, conhecidos como Budismo no Ocidente, e que receberão aqui a denominação de "*Dharma*", durante muitos séculos constituíram uma grande ciência mental e espiritual. Através dela se tem estabelecido um caminho bem trilhado para a cultura da mente e do coração (tanto os aspectos mentais quanto emocionais encontram-se incluídos no termo budista *citta*) que conduz ao desenvolvimento daqueles que desejam praticar a meditação. É agora que esta herança espiritual deveria ser usada para o bem do homem. A realização destes objetivos exigiria que muitas pessoas se tornassem versadas nas escrituras budistas e na profunda filosofia ali contida. Porém seria necessário um estudo cuidadoso e extenso das mesmas, o que se apresentaria muito difícil às pessoas, pois os livros sagrados são volumosos, e o tempo, não raro, exíguo. Assim, ocorreu-me que se deveria providenciar um livro pequeno no qual a essência do *Dharma* fosse colocada de modo conciso, porém abrangente. Por esta razão, este trabalho foi intitulado (literalmente) *O Despertar da Visão da Sabedoria*, e os conteúdos dos capítulos a seguir expõem essa essência do *Buddhadharma*.

Dharma[4]

Nosso dever supremo na condição de seres humanos é o de procurar encontrar um meio através do qual os seres possam libertar-se de todas as formas de sofrimento ou experiência insatisfatória (*duhkha*)[5]. Todos os seres vivos desejam conforto e felicidade, e evitam o sofrimento. Além disso, esse desejo por felicidade não é apenas encontrado no homem de erudição e inteligência, mas em todas as criaturas no mundo, mesmo as mais insignificantes. Podem ser vocês, eu, ou seres do mundo animal – todos temos o mesmo desejo de aumentar o prazer e diminuir a dor. A destruição deste *duhkha* só pode ser conseguida através do esforço próprio. Não adianta ter aspirações sublimes e sentar-se à espera de sua realização. Esta atitude, que nada mais é senão indolência, não conduzirá nem à destruição de *duhkha* e nem ao aumento da felicidade. É necessário enfatizar que todos os vários aspectos de *duhkha* de fato têm sua origem em causas, o que assim possibilita sua investigação e, portanto, seu término.

Ao encontrar as causas-raiz de *duhkha* e destruí-las, a vida humana pode se tornar feliz e próspera.

A fim de alcançar isto, é essencial que pratiquemos em nossas vidas aquelas causas que produzem felicidade, enquanto cessamos de operar as causas originárias de *duhkha*.

O *Dharma* do Senhor Buda mostra o caminho para isto. Excetuando o *Dharma*, não há outro meio através do qual possamos alcançar este objetivo de felicidade e eliminação dos sofrimentos, pois no *Dharma* o método correto é explicado, e isto por sua vez conduz aquele que o pratica à perfeição de seus propósitos. Vivendo de acordo com o *Dharma*, pode-se tornar significativa não apenas esta vida, mas também as vindouras, fazendo com que sejam felizes e prósperas. Para chegar a isto, é preciso entender a quintessência do *Dharma*. Quando há tal entendimento, a vida adquire um caráter diferente, como se pode presenciar entre aqueles que vivem sem o *Dharma* e aqueles que nele estão estabelecidos. Por exemplo, ao passo que os primeiros encontrar-se-ão aflitos com o acometimento de uma doença, sofrendo assim tanto mental quanto fisicamente, os últimos reagirão recordando-se de que tal sorte de experiências insatisfatórias são naturais na vida e não podem ser evitadas. Poderão ainda considerar que as eventuais investidas de *duhkha* em suas vidas representam, na verdade, a experiência do resultado de mau *karma* (ações com más intenções) pretérito. Mais uma vez, poderiam refletir que seus sentimentos dolorosos constituem tão somente a natureza do vaguear contínuo (*samsāra*) em nascimentos e mortes, onde tais fatos estão fadados a ocorrer. Assim, o conhecimento e a prática do *Dharma* por uma pessoa serão proporcionais à sua paciência para suportar *duhkha*. Em outras palavras, é possível subjugar todas as dores físicas com desenvoltura através da pura força dos processos mentais.

Todos os sentimentos experimentados, sejam prazerosos, dolorosos ou neutros, são produzidos a partir de causas e não da ausência delas. Como está dito nos tratados (*shāstras*), o prazer e a dor surgem devido às ações do princípio de causa e efeito. Uma pessoa que ignore o *Dharma* não entende esse princípio, e para ela o prazer e a dor parecem ocorrer ao acaso. Constitui a quintessência do *Dharma* que se tenham entendido, dentro de si mesmo, as causas do próprio *duhkha*, tornando-se assim capaz de falar aos outros sobre essas mesmas causas. O homem verdadeiramente religioso aceita a verdade de que ele é responsável pelos sentimentos prazerosos e insatisfatórios por ele vivenciados, sendo eles os frutos de seu próprio *karma*. Ele sabe que os frutos do mau *karma*, inábil e prejudicial, são dolorosos, enquanto que o *karma* benéfico e hábil resulta na experiência da felicidade. Enquanto o homem verdadeiramente religioso é capaz de ver tudo sob esta luz, o homem sem o *Dharma*, conforme exposto acima, não tendo o conhecimento de causa e efeito, mortifica-se e se lamenta quando se depara com sentimentos insatisfatórios, intensificando assim seu *duhkha*. Por conseguinte, ele não tem a oportunidade de vivenciar a real felicidade do *Dharma*.

A personalidade humana abrange tanto o corpo físico quanto os vários processos mentais e emocionais conjuntamente denominados "mente" ou *citta*. O principal dentre eles é a mente. Sendo ele que[6] governa o corpo, é óbvio que a experiência deste último depende, em grande medida, da mente. Ao desviarmo-nos da senda do *Dharma*, estamos sujeitos a experimentar muito sofrimento. Por exemplo, alguns desejam os prazeres da riqueza e, assim, esforçam-se para ganhar mais dinheiro. Desde o início, ver-se-ão acometidos por temores ao pensarem que, após os maiores esforços, tanto mentais quanto físicos, poderá não lhes ser possível cumprir os desejos que nutriram. Para consegui-lo, estarão dispostos a submeter-se a qualquer tipo de sofrimento. Com certeza, sofrerão de insegurança, temendo o roubo dc seus bens, sua perda, desperdício, esgotamento e assim por diante, sendo este, então, apenas outra forma de *duhkha* ou sofrimento. Desta maneira, procuram meios de proteger seus ganhos os quais, podendo representar conflito diante dos interesses alheios, dão origem à perda da harmonia na sociedade e a facções belicosas dentro da mesma. Estas por sua vez fomentam ainda maiores ganância e ódio, assegurando que se tornem ainda mais fortes nos corações daqueles sem o *Dharma*. Por fim virá a morte até mesmo para o homem rico, e sua riqueza avidamente mantida irá tornar-se propriedade dos outros. Tais sofrimentos, os quais costumam andar lado a lado com opulência, originam-se na falta do entendimento correto a respeito do *Dharma*. Se o *Dharma* for penetrado em profundidade, a riqueza adquirida será encarada como folhas de orvalho sobre a grama, a pessoa desistirá da infinita batalha para obter ganhos sempre maiores. Neste caso, se por qualquer razão for necessário o abandono das posses, a pessoa não sofrerá [7].

De modo similar, mesmo se ofendida ou amargamente criticada, a pessoa tampouco sofrerá em seu coração, conquanto não esteja apegada ao nome e à fama. Tal conduta da parte dos outros terá então um resultado tão insignificante quanto o obtido após discursar-se para uma rocha, ou será tão insignificante quanto os ecos O homem desapegado não possui inimigos mortais para sobrepujar, nem torna-se ansioso pelo temor de falhar em favorecer parentes ou detentores de autoridade, tampouco é afetado pela angústia da derrota. Nenhuma das oito condições mundanas (*lokadharma*) – ganho, perda, desonra, honra, culpa, louvor e felicidade ou miséria – pode abalar um homem assim, mas se a pessoa perturbar-se com estas condições, então será devido à falta de entendimento com relação ao *Dharma* ou porque mesmo tendo compreendido, ela não o está colocando efetivamente em prática.

A quintessência do *Dharma* de fato revela que o poder dos meios para a obtenção de prazeres sensuais não é maior que o de uma gota de orvalho diante do Sol nascente. Esta assertiva a respeito do *Dharma* no constitui imaginação, nem é ela uma suposição, e sim um fato a ser observado na própria vida e na vida dos outros. Quando queremos compreender uma experiência, devemos considerá-la juntamente com as condições que precederam. Este é o modo científico do *Dharma* o qual no mostra como devemos ver causas e efeitos. A insubstancialidade dos meios para o desfrute sensual é revelada quando se faz uma análise dos fatores envolvidos. Mas as pessoas não compreendem isto com facilidade. Quando alguém chega a entender como os prazeres são obtidos, e a que custo, como é fugaz o seu desfrute, a complexidade das condições que os originam e o caráter instável e transitório de sua natureza, então, ao vir a necessidade do *Dharma*, a vida da pessoa modifica-se em grandes dimensões. A busca do prazer, a partir do qual manifestam-se luxúria, ódio, atração e apego, é modificada na busca do *Dharma*. Aquelas manchas mentais antes tão difíceis de controlar, forças dominantes na mente que ignora o *Dharma*, tornam-se enfraquecidas na medida em que suas causas são compreendidas. Quando o caminho do *Dharma* é compreendido, e a mente nele se estabelece de maneira completa, têm-se a capacidade de fazer oposição aos ataques daquelas manchas mentais (*klesha*) através de meios tais como paciência, autodomínio ou discriminação [8] mental; aí deve-se fazer um esforço para tornar-se completamente livre delas.

O *Dharma* encoraja a homem a entender que ele pode liberta-se das diferentes adversidades de *duhkha*, sejam elas internas ou externas, podendo ele também restringir o turbilhão de sofrimentos que se alastra entre os outros seres humanos.

Oriunda de ignorância do *Dharma*, passa a existir a seguinte sucessão de acontecimentos: um constante aparecimento de inimigos em número sempre crescente, a rivalidade originada na realização de objetivos egoístas e o esforço para derrotar os outros nesta luta, enquanto um indivíduo triunfa como vencedor. Aqueles que veem o mundo desta forma procuram tornar sua própria nação poderosa e para tal munem-se com as armas mais mortais, e após, não mais sendo capazes de chegar a um acordo de paz para suas disputas, preparam-se para terríveis guerras. Em virtude destas manchas incontroladas nos corações dos indivíduos, as fortes correntes de luxúria, ódio, ilusão, raiva, ganância, vaidade, crueldade, violência e assim por diante começam a insinuar-se com fúria, qual o bramido de poderosas águas, levando em seu curso tudo o que encontram. O resultado de tudo isto, para aqueles que não dispõem de refúgio, é que são arrastados, contra sua vontade, a existir por entre estas torrentes de *duhkha*: mas, se os homens apenas tivessem um entendimento do *Dharma* e fossem por ele guiados, estes tumultos de diversos sofrimentos cessariam.

Como foi observado nos parágrafos anteriores, a vida humana é dominada pela mente e suas várias funções. Assim, a "produção do eu", o ciúme, a luxúria, o ódio e a ilusão têm todos sua origem nas engrenagens da mente e, por serem prejudiciais tanto para a própria pessoa quanto para o outros, são chamadas *Dharmas* Inábeis (ocorrências mentais). Do mesmo modo, sentimentos de amizade, delicadeza, serviço, devoção, renúncia e confiança também constituem ocorrências mentais, porém estes, dada sua natureza benéfica, são denominados *Dharmas* hábeis (*kushala-dharma*). Pelo poder de tais *Dharmas,* as falhas e manchas presentes na mente podem ser neutralizadas. São apenas estes *Dharmas* que, se intencionalmente cultivados, podem salvar um homem de afogar-se em seus próprios erros. A salvação das manchas da própria mente é em grande parte auxiliada caso a vergonha moral (*hri*) seja desenvolvida, pois ela faz com que se tenha muita estima por qualidades tais como sentimento de amizade, compaixão e satisfação mútua (*maitrii, karunā, muditā*). O medo de culpa (*anapatrapā*) atribuída pelos outros também é útil, pois impede que a pessoa se entregue a ações ilícitas e imorais. Estas duas virtudes são de fato como guardiões que protegem um homem contra a comissão do mal[9] . Por sua eficácia, a pessoa torna-se segura contra muitas formas de negligência no cometimento de erros, vindo assim a levar a vida em contentamento. Na vida daquele que está contente há paz e felicidade, e jamais essa vida irá afigurar-se como algo difícil demais para ser suportado.

É por razões como estas que se deveria entender a quintessência do *Dharma*, aplicando-o de forma integral na própria vida.

Avalokitesvara – o *Bodhisattva* da compaixão.
Estátua em Thekchen Choling, Dharmasala, Índia

O Senhor Buda – Pintura em pergaminho

Renascimento[10] (*Punarbhāva*)

Outro ponto deveria ser considerado: a presente vida do homem não significa o fim de tudo. Não se chega ao término do próprio dever simplesmente tornando esta vida confortável. O futuro de nascimentos repetidos estende-se diante da pessoa, e seu curso pode ser longo. A senda a ser perseguida poderá conduzir a muitos nascimentos e, para assegurar que sejam felizes e livres de *duhkha*, devemos considerar quais meios hábeis precisam ser adotados. E claro que, em última instância, nosso objetivo será o de encontrar a liberdade desta continuidade de felicidade mundana e do *duhkha* pela experiência da paz ou felicidade suprema – *Nirvāna*.

Assim, vale repetir que estar meramente decidido a obter felicidade e prosperidade aqui nesta vida com certeza não constitui objetivo digno, tampouco suficiente. Quando esta vida cessa, a felicidade e a riqueza tão laboriosamente alcançados também cessam, mas o *continuum* da mente permanece fluido na experiência de nascimento em uma nova vida, de acordo com os frutos do *karma*. Através de atos hábeis aqui e agora, as vidas futuras assumem condições producentes de felicidade. Esse trabalho hábil, cujos frutos serão colhidos no futuro, pode apenas ser realizado pela prática do *Dharma*.

Ora, os que ignoram o *Dharma* e os que não entendem sua profundidade alimentam dúvidas quanto ao renascimento. Podem supor que a consciência, a qual nesta vida depende em parte do corpo físico, seja na verdade integralmente derivada deste último, surgindo com ele e portanto cessando por inteiro na ocasião da morte física. Estas pessoas assumem que a presente vida não possui qualquer relação com existências passadas. Isso é tido como verdadeiro em virtude de outra suposição: uma vez que as ocorrências desta vida são percebidas e recordadas, então aquelas referentes às vidas passadas também deveriam sê-lo pelo uso da memória. Além do mais, não experimentaram ou viram com seus próprios olhos a existência de vidas passadas ou futuras. Desta forma, declaram que, ao morrer, o corpo retorna aos quatro grandes elementos[11], enquanto a consciência desaparece como um arco-íris no céu. Pessoas que pensam desta forma possuem visão limitada, pois, ao virem a dependência da continuidade mental sobre o corpo físico, não entendem que a mente também pode ser independente de uma base física grosseira.

À luz de um ponto de vista filosófico, a essência das colocações acima é de que nesta vida a consciência brota de um conjunto de elementos inorgânicos inconscientes. Por isso, a natureza de suposta causa (elementos inconscientes) difere da natureza do suposto efeito (mente consciente), e isto está de acordo com algumas visões comuns aos materialistas, pois eles afirmam que causa e efeito devem diferir do mesmo modo como o fogo é produzido por uma lente de aumento ou do vinho venha a intoxicação.

Há também os lógicos da "escola de produção espontânea"[12] que dizem ser desprovido de causas o surgimento dos fenômenos. Quem fez a pungência do espinho ou o colorido iridescente na cauda do pavão? Quem viu seu Criador? Ou ainda, no que tange às práticas de não violência ou doação, teria alguém verificado com precisão os resultados dessas ações? Não encontramos nós, pessoas avarentas que são ricas, e assassinas que têm uma vida longa? Assim afirmam estes lógicos, argumentando a partir de tais exemplos que não é devido supormos quaisquer relações entre causa e efeito.

No passado, alguns Instrutores (não praticantes do *Buddhadharma*) afirmaram que através do poder de seu superconhecimento (*abhijñā*) haviam visto um homem, avaro em seu nascimento anterior, renascido em uma família próspera [13]. Baseados em sua visão, declararam que a teoria do renascimento estava correta, mas que não era apropriado estabelecer uma relação de causa e efeito entre as vidas passadas e a presente.

Outros que praticaram a meditação, depois de terem estabelecido a si mesmos nos domínios supremos de forma e não forma (*rūpāvacara, arūpāvacara*), acreditaram ter alcançado a liberdade do *Nirvāna*. Embora estivessem convencidos de que estavam livres, após o retraimento do poder daquelas concentrações (*dhyāna*), descobriram-se ainda sujeitos ao renascimento. Fundamentados em sua experiência, rejeitaram os ensinamentos que promulgavam uma liberdade permanente, declarando para si mesmos que tal liberdade não existia[14].

Uma vez apresentadas as várias vidas equivocadas que se acumulam em torno dos ensinamentos sobre o renascimento, deveríamos agora tornar claro que existem argumentos muito fortes em seu favor, por meio dos quais sua verdade se estabelece quase que sem questionamentos. Consideramos o assunto da seguinte maneira: qualquer conhecimento que surge na mente o faz na dependência de uma sucessão de estados mentais prévios (na mesma linha, significando o *continuum* de "mentes" que constituem a mente). Torna-se claro, a partir do conhecimento diário, comum, que um homem de qualquer idade, seja um menino, um jovem ou um velho, recorda os acontecimentos passados que tiveram lugar em sua vida presente. Suas experiências presentes são de fato baseadas no conhecimento previamente reunido. Na verdade, a vida forma uma corrente deste conhecimento, e a experiência anterior resulta em conhecimento posterior. Vê-se com nitidez que nenhum conhecimento aparece sem causa prévia e que não há causa para o aparecimento e a compreensão do conhecimento que é externo (à própria continuidade da pessoa, posto ser o armazenamento do conhecimento obtido possível apenas dentro do *continuum* mental. A própria mente torna-se, então, a base para o entendimento futuro).

Mais uma vez, o conhecimento não se origina de fontes materiais, pois estas são de uma natureza diversa daquela de mente. Pelo contrário, após o surgimento de causas de natureza não material, o conhecimento aparece para nós como tendo exatamente esta mesma natureza não material, e isso é o que chamamos de vida presente. Cada estado mental surge na dependência de outro estado mental [15].

A vida não é apenas um conjunto de causas e substâncias materiais e sim uma série de eventos mentais, sendo que esta "mentalidade" origina-se de mentes prévias de natureza similar. Por esta razão, a vida presente não é desprovida de causa, nem possui causa eterna, tampouco é causada pela mera materialidade[16]. Quando alguém diz que a vida é uma corrente de estados mentais (*citta*) da mesma natureza, isso significa que o presente estado mental assemelha-se a estados mentais passados da mesma natureza e deles depende. É isto que se quer transmitir pela filosofia do "semelhante nascido do semelhante".

A mente é luminosa: ela é radiante[17], o próprio conhecimento. Por isso, a causa do conhecimento não é de uma natureza diferente. Se assim fosse, com o desenvolvimento ou declínio do corpo, a mente estaria necessariamente sujeita aos mesmos processos. Além do mais, ele poderia estar presente em um cadáver uma vez que, de acordo com as visões materialistas, a mente nada mais é que uma função dos elementos). É bastante correto afirmar que há uma relação entre a mente e o corpo, porém, saber disso não deveria levar alguém a pensar que a mente brota do corpo. De forma similar, é correto dizer que o desenvolvimento e o declínio da mente dependem, em certa medida, deste corpo físico, mas mesmo nesse caso o corpo não pode ser considerado a base material para a mente. O corpo é apenas a causa cooperativa para a existência de mente, pois um objeto material jamais poderá constituir-lhe causa. A materialidade (*rūpa*) é desprovida de *citta* ou mente, que é a mentalidade (*nāma*). Aquilo que não é a mente não pode vir a sê-lo, nem pode tornar-se não mente, pois a natureza da primeira e a natureza de segunda diferem uma da outra. Algumas pessoas (não praticantes) insistem que esta mudança é possível e citam exemplos de transformações em fenômenos materiais[18]. Afirmam também que a forma pode tornar-se não forma ou, no processo inverso, que *arūpa* pode desenvolver-se em *rūpa*. Os estados mentais da não forma (*arūpa*) são comparados ao espaço, mas, como todos sabem, o não espaço não pode transformar-se em espaço, nem o que é espaço pode vir a ser não espaço.

A causa material para o corpo, consistindo na união do espermatozoide masculino com o óvulo feminino, tampouco pode ser uma causa (material) para a mente do bebê, mas apenas para o seu corpo. Sabemos que o conhecimento assimilado por um pai não pode transmigrar para seu filho; assim, é fácil entender que da mesma forma como os elementos materiais dos pais não podem ser a causa da mente de criança, tampouco podem sê-lo suas mentes. Se fosse possível transmitir o conhecimento dos pais aos filhos, então um indivíduo inepto não poderia nascer de pai e mãe inteligentes. Mas a verdade sobre isto é que a mente da vida passada é a causa para a mente de agora. Não ha dúvida, é claro, de que a corpo provém da união do espermatozoide com o óvulo.

Neste ponto surge a seguinte questão: se a relação entre a mente e o corpo não é de causa material e tampouco dela se deriva, então qual é esta relação? A resposta reside no *karma*, ou no poder das ações intencionais, o qual torna possível esta relação. Vemos que crianças ou filhotes mamíferos recém-nascidos sabem como sugar o leite e mais tarde são capazes de alimentar-se sozinhos, mostrando tendência à gula e à raiva – onde foi que obtiveram tais conhecimentos e tendências? Este conhecimento inato só pode ser explicado enquanto fruto do *karma* de uma vida prévia, pois é isso que estabelece ligação entre o corpo e a mente nesta existência.

Não é razoável pensar que não há vidas passadas ou futuras só porque não se as viu. O fato de não percebemos algo não prova a sua inexistência. Esse afirmação encontra bom respaldo em nosso tempo, onde, com a ajuda de modernos instrumentos, são tomados conhecimentos dos muitos fatos dos quais nossos antepassados nada sabem. Ora, a existência de vidas passadas foi confirmada por aqueles que praticam a serenidade (*samādhi*)[19]. Estes, tendo alcançado elevados níveis de concentração mental, nos quais a mente é muito sutil e tem a capacidade de perceber objetos muito sutis, tiveram a experiência de seus nascimentos anteriores. Algumas das pessoas que meditam, sendo possuidoras de grande experiência, recordaram suas vidas prévias até mesmo em pequenos detalhes. Ainda que não levemos em conta a evidência fornecida por tais mestres de meditação profunda, foram e são descobertos hoje em dia, em diversos países, muitos incidentes que ilustram o renascimento. De tempos em tempos criancinhas comentam sobre seu trabalho em uma vida anterior e podem indicar o nome da família na qual viveram. Às vezes é possível verificar tais depoimentos e, assim, provar que os fatos recordados pela criança não são de forma alguma insensatos e sim verdadeiros.

Como exemplo disto, há o relato de um erudito budista na Índia, o qual precisou provar o renascimento a um oponente que estava convencido da veracidade das doutrinas *Lokāyata* (materialismo). Durante um debate entre ambos, realizado na presença do rei, o erudito budista comprometeu-se a provar de modo prático que o renascimento era uma doutrina verdadeira. Exatamente ali, perante o rei, abandonou sua vida pela própria vontade, pedindo àquele monarca que testemunhasse sua morte e sua promessa de renascer. Após a morte do erudito, os *Lokāyatas* rivais tornaram-se tão fortes que ninguém ousou falar contra seus ensinamentos. O rei fez então um convite público a qualquer budista que pudesse provar a veracidade do renascimento. Ninguém apresentou-se, exceto um menino de quatro ou cinco anos de idade, o qual, para a surpresa de sua mãe, disse poder provar que havia renascido. Na presença do rei, fez com que este se lembrasse dos acontecimentos ocorridos anteriormente e afirmou ter sido o erudita budista. Mais tarde, este menino tornou-se um famoso poeta budista. A obra de Chandragomin, era esse o seu nome, foi reconhecida por estudiosos por sua excelência poética. Também no Tibete muitos fornecem informações detalhadas sobre seus pertences pessoais e sobre as pessoas com eles relacionadas em suas vidas anteriores.

Uma vez que o *karma* produzido no presente com certeza conduzirá à experiência de vidas futuras, deveríamos desde já nos preparar para elas. Como podemos fazê-lo? Almejando possuir uma mente livre de contaminações ou manchas (*klesha*) mentais e, ao mesmo tempo, reunirmos virtudes. Isto pode ser feito apenas através do reto entendimento (daquilo que constitui inabilidade e manchas mentais por um lado, e do que significa mérito ou conduta hábil, por outro). Para tal, é preciso direcionar o curso tomado pela corrente da mente, o que, por sua vez, envolve o entendimento correto. Somente é possível secar a corrente das águas, representadas pela mente que flui através de nascimentos e mortes, ao se realizar a prática correta, e isso poderá requerer muitas vidas. Há também a possibilidade de cortar-se a corrente nesta própria vida ao dedicar-se à prática dos mais profundos meios hábeis.[20]

A fim de pôr um término ao "vaguear"(da mente), concentramo-nos nos três pontos seguintes:

A Verdade Dual que deveria ser analisada e inteiramente compreendida.

A Senda Dual de Sabedoria e Meios Hábeis a serem adotados pela pessoa como sua senda prática.

E fundamentados nisto, conheceríamos o segredo da obtenção do Corpo Tríplice, que é o objetivo final.

Estes três importantes pontos serão explicados na ordem devida.

Os Dois Níveis da Verdade

(*Paramartha-Satya; Samvrti-Satya*)

Todos os objetos que são conhecidos por nós (através dos cinco sentidos e da mente, o sexto) dividem-se em duas categorias: aqueles que são relativamente verdadeiros (*samvrti-satya*) e os que são absolutamente verdadeiros (*paramartha-satya*). Os objetos totalmente falsos inexistem de fato, nem são eles parte do conhecimento. É por esta razão que os objetos do conhecimento, de qualquer modo que sejam percebidos, são designados pelo termo "verdade" (*satya*, cuja tradução literal é "seidade"). Foram distinguidos dois níveis ou aspectos da verdade, os quais são bastante diferentes entre si. Qualquer objeto perceptível que seja verdadeiro do ponto de vista do Absoluto necessariamente será visto de forma diversa da perspectiva relativa. A verdade convencional ou relativa de um objeto é sua suposta existência, enquanto que a existência, do ponto de vista do Absoluto, não pode, portanto, estar de acordo com esta verdade convencional. Assim, é dito que estes dois níveis da verdade excluem-se mutuamente. Embora possa não parecer adequado denominar "verdade" ambos os pontos em oposição, ainda assim, para que se possam incluir todos os objetos perceptíveis, eles são chamados de "verdadeiros", não importando em que nível venham a ser percebidos. De fato, a verdade é uma[21] é a Verdade Absoluta. Se tal não existisse, a verdade relativa não teria qualquer significado. Além destes dois níveis de verdade, não existe um terceiro que possa figurar entre eles.

A fim de entendermos o segredo destes dois níveis da verdade, devemos atentar para as características de ambos, momento em que se tornará claro o seu caráter inseparável. Mesmo tendo há pouco expressado que estes dois níveis são divergentes, isso não entrará em conflito com a afirmação de que a natureza de ambos é basicamente a mesma. Se, de fato, eles não são da mesma natureza e são considerados como tendo naturezas diferentes, então podem ser depreendidas muitas falácias, quatro das quais abaixo discriminadas:

1. Se possuem naturezas diferentes, então um objeto material pode ser considerado como realmente substancial (visto que do ponto de vista absoluto a insubstancialidade é ensinada) Significa então que a natureza primordial de um objeto nada tem a ver com seus atributos (originando-se de sua essência suposta). Neste caso, as pessoas nunca saberão que a existência de objetos, ou sua suposta essência, é verdadeiramente o insubstancial, o vazio, o não eu, e, mesmo o conhecimento que lhes revelaria essa característica deverá permanecer secreto.

2. Mais uma vez, quando são apresentadas naturezas diferentes para os dois níveis de verdade, mesmo no caso de as pessoas saberem sobre sua insubstancialidade, jamais poderão chegar à natureza real da verdade relativa (e assim destruir a ilusão), pois ela parece tornar a verdade relativa em verdade absoluta.

3. Conclui-se que será inútil para os que meditam treinarem-se a si mesmos no caminho das concentrações (*dhyāna*) e de outros propósitos afins, tendo em mente que por tal meio eles podem compreender "a natureza do não eu" (*nihsvabhāvatā*), pois se a Verdade Absoluta é independente da relativa, então a obtenção de conhecimento por aquele que medita será obstruída pelo objeto da meditação (o qual é relativo) e por seu apego a ele. Como resultado, o conhecimento, que é desobstruído, desapegado e desprovido de objeto, não existirá nele, tornando-se difícil a obtenção da perfeição e mesmo o conhecimento do Caminho.

4. Se tal for o caso, então pode-se dizer que o entendimento do Senhor Buda não estava livre de adesão aos objetos e à sua natureza própria (*svablhāva*), de forma que as manchas sutis ligadas a este fato não teriam sido por ele erradicadas.

Por outro lado, se as duas verdades não diferem de modo algum, podem-se destacar ainda quatro falhas:

1. Ao cessar a distinção entre a verdade ilusória, relativa, a qual envolve o *karma* (ação intencional), e as manchas mentais, devemos também cessar de distinguir a Verdade Absoluta (do *Nirvāna*).

2. Se esta suposição fosse verdadeira, na medida em que os *dharmas* são vários, sendo alguns imperecíveis, então os *dharmas* absolutos também deveriam ser numerosos e imperceptíveis. Mas constitui um fato que a Verdade Absoluta é uma e passível de percebimento (posto ter sido a apreensão da mesma vivenciada pelos Budas ou *Arhats* que conheceram o *Nirvāna*).

3. É também falaciosa esta suposição pelo homem comum (*prthagjana*) que, estando dominado pela ignorância (*avidyā*), pensa ter descartado as manchas mentais (*kleshas*) e ter alcançado o Budado. Se assim fosse, não poderia haver tal realização como uma Nobre Pessoa (*āryapudgala*), aquela que ingressa no Caminho até alcançar a condição de *Arhat*.

4. A falha mais relevante seria a de considerar que na medida em que os *dharmas* são relativamente verdadeiros e, portanto, cheios de deficiências, então o mesmo ocorreria com a Verdade Absoluta (mas *Nirvāna* significa perfeição).

As aparentes contradições entre estes dois níveis da verdade deveriam ser solucionadas na explicação de que embora por natureza (*svabhāva*) não sejam diferentes, eles assim o são para fins práticos.

A Verdade absoluta é aquela compreendida através do raciocínio profundo e da contemplação da natureza verdadeira (ou absoluta) dos *dharmas*, ao passo que estes, que recebem um nome e são conhecidos pela mente enquanto tal, são denominados verdade relativa. A fim de tornar isto mais claro, façamos uso da etimologia para examinar os termos *Paramartha-Satya* e *Samvrti-Satya*. No primeiro, "*parama*" significa "excelente, o melhor e mais elevado", enquanto que a palavra "*artha*", neste caso, significa "aquilo que é capaz" (de conhecer com a Sabedoria Suprema). Pode também significar "aquilo que pode ser examinado pela Sabedoria Suprema." Um *dharma* assim cognoscível é chamado "*paramartha*", pois é da maior excelência, verdadeiramente supremo dentre todos os *dharmas* a serem conhecidos. A tradução literal da palavra "*satya*" é "seidade" ou "as coisas como elas são", e, se refletirmos com cuidado sobre a aplicação do termo "seidade" ou "as coisas como elas são", outro não poderá ser o significado e, portanto, deverá ser permanente – por isto é chamado Verdade Absoluta. *Samvrti-Satya* significa a visão que apreende a verdade da natureza real dos *dharmas* [23]. Recebe o nome de *samvrti* ou relativa, pois que se percebe do ângulo desta verdade é relativamente verdadeiro; ou seu significado pode ser considerado "errôneo, falso", visto ser mesmo distorcida a forma na qual um objeto aparece à luz desta verdade, não havendo qualquer unificação entre sua percepção relativa e sua natureza essencial. Embora essa verdade seja em última instância falsa, ainda assim as aparências criadas em uma mente governada pela verdade relativa são verdadeiras naquela proporção, e é por isso que dizemos tratar-se de "*satya*."

Para o melhor entendimento da Verdade Absoluta, podemos analisá-la de seguinte forma:

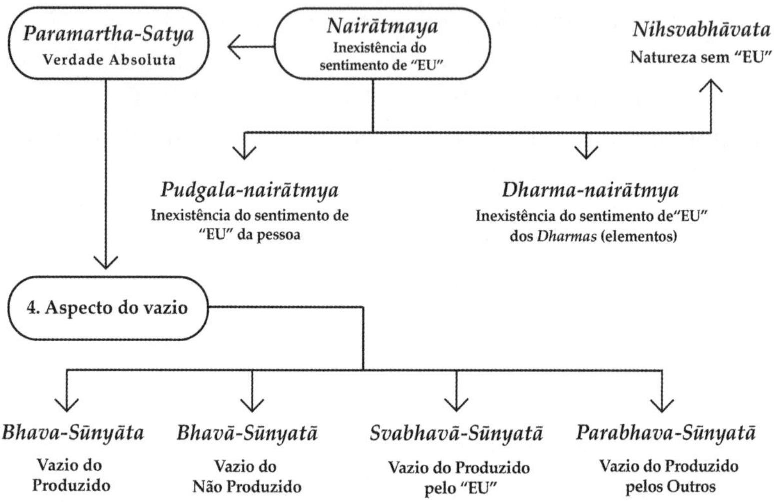

Essas classificações podem ser desdobradas em dezesseis, dezoito ou vinte aspectos de vazio, mas os quatro aspectos expostos acima serão suficientes para nossa finalidade.[24] Há tão somente a intenção de elaborar uma explanação preliminar daquilo que é compreendido por Verdade absoluta, ao passo que uma exposição exaustiva do caráter de ausência de alma individual (*anātmata*) figura na seção sobre o "Treinamento na Sabedoria Suprema."

Agregados, Entradas e Elementos
(*skandha, āyatana, dhātu*)

Todos os *dharmas*, excetuando o vazio, estão incluídos no padrão de verdade relativa, abrangendo, assim, as classificações conhecidos com os cinco agregados (*skandhas*), as doze Entradas (*āyatanas* e os dezoito Elementos (*dhātus*). *Skanda* significa pilha, conjunto ou agregado, sendo os cinco agregados sobretudo interdependentes e nascendo ou surgindo juntos Os *Āyatanas* ou as Entradas são as fontes para o surgimento da mente e das ocorrências mentais (*citta, caittadharma*). Os *Dhātus* são a origem (*akara*) e dentro de suas dezoito classes podem ser inseridos todos os objetos no mundo.

Os Cinco Agregados:

1. Agregado de forma (*rūpa-skandha*) é duodenária, e contém as cinco bases de sentido subjetivas mais as cinco objetos externos:

Olho-Base	Ouvido-Base	Nariz-Base	Língua-Base	Corpo-Base
↕	↕	↕	↕	↕
Visíveis	Audíveis	Perceptíveis (Olfato)	Saboreáveis	Palpáveis

O décimo primeiro componente é a forma que não é perceptível (*avijñaptirūpa*) [25].

2. O agregado do sentimento (*vedāna-skandha*) consiste nos três tipos de sentimento: agradáveis, desagradáveis e os que não são nem um nem outro.

3. *Samjñā-skandha*, ou o agregado da cognição (incluindo a memória), abrange as duas divisões: *svavicāra* e *avicāra*, lembrança de cognição e ausência da mesma, sendo ambas subdivididas em: limitadas extensivas e infinitas.

4. *Samskāra-skandha* ou o agregado das formações volitivas contém os coeficientes mentais diversamente classificados naqueles associados à consciência (*samprayukta caitta-dharma*) e no restante, dissociado da mesma (*viprayukta caitta-dharma*) [26].

5. O último dos cinco agregados é o da consciência, onde se encontram os cinco tipos da mesma, cada qual ligado a uma das seis bases de sentido apropriadas. A partir desses seis tipos de consciência ocorre o conhecimento geral dos objetos.

Aa 12 entradas são as seguintes:

	DEZ ENTRADAS MATERIAIS					DUAS ENTRADAS MENTAIS
Subjetivas	Entrada do Olho	Entrada do Ouvido	Entrada do Nariz	Entrada da Língua	Entrada do Corpo	Entrada da Mente
Objetivas	Entrada da Forma	Entrada do Som	Entrada do Cheiro	Entrada do Gosto	Entrada do Tato	Entrada de Acontecimento Mental

Embora o dominante visual (*caksendriya*) e a entrada visual possuam neste caso a mesma conotação, tanto como agregado de forma quanto forma (*rūpa*), fizemos uma distinção entre a forma e a entrada da forma, pois a primeira inclui todas as onze categorias da forma, enquanto a última é apenas aquela forma que é objeto de domínio do olho (ou entrada visual) em termos de cores e formas.

O domínio auditivo (*shrotendriya*) e a entrada auditiva também possuem a mesma conotação, de modo que o comentário acima deveria ser aplicado a cada uma dessas entradas.

Como podemos ver e partir do quadro acima, para fins de análise, as entradas são divididas em subjetivas e objetivas, bem como em materiais e mentais. *Citta* (coração, mente), *manas* (mente, pensamento) *vijñāna* (consciência) têm todos a mesma conotação, razão pela qual todos os estados mentais, como a consciência visual, estão aqui incluídos na entrada mental. O espaço (*ākāsha, shūnyatā*) e todos os outros *dharmas* incondicionados estão situados na entrada da ocorrência mental.

Os 18 Elementos são assim classificados:

Elementos dominantes	Elemento do Olho	Elemento do Ouvido	Elemento do Nariz	Elemento da Língua	Elemento do Corpo	Elemento da Mente
Elementos de objetos	Elementos da Forma	Elemento do Som	Elemento de Olfato	Elemento de Gosto	Elemento de Tato	Elemento de Acontecimento Mental
Elementos de Consciência	Elemento de Consciência do Olho	Elemento de Consciência do Ouvido	Elemento de Consciência do Nariz	Elemento de Consciência da Língua	Elemento de Consciência do Corpo	Elemento de Consciência da Mente

O quadro acima mostra os dezoito elementos distribuídos entre as três categorias de elementos dominantes do objeto e da consciência: os dominantes (*indriya*), ou seja, as várias faculdades dos sentidos, as quais representam as fontes das respectivas consciências, são denominados os elementos dominantes (*indriya-dhātu*): os seis tipos de consciência que surgem dos seis dominantes respectivos são chamados os elementos de consciência (*vijñāna-dhātu*), ao passo que os seis objetos como forma, som etc., os quais constituem os objetos destas seis consciências, são conhecidos como os seis elementos do objeto (*visaya-dhātu*).

Em suma, todos os *dharmas* condicionados estão contidos nos cinco agregados. As doze entradas incluem tanto os *dharmas condicionados* quanto os incondicionados. Todos as *dharmas* cognoscíveis estão incluídos na classificação dos dezoito elementos. Todos os objetos do conhecimento, dos quais falamos na seção sobre os dois níveis de verdade, estão incluídos tanto nas doze entradas quanto entre os dezoito elementos. Quando estes dezoito elementos são analisados em detalhe, podem distinguir-se sessenta e dois componentes, e para um entendimento correto dos mesmos é indispensável que se conheçam suas naturezas, função, categoria e assim por diante, juntamente com o conhecimento do que deve ser entre eles abandonado e do que deve ser desenvolvido. No temor de que este livro pudesse se tornar demasiado extenso, esta informação não foi incluída, e aconselha-se aos leitores que consultem tratados mais especializados.

É dever de um bom budista adquirir a compreensão correta destes agregados, entradas e elementos, a fim de que ele possa discriminar com rapidez e precisão a partir de sua própria experiência, indicando para si mesmo "eis aqui tal agregado, tal entrada" à medida que com elas se depara. Este conhecimento analítico (para uso da vida diária enquanto auxiliar do discernimento ou *vipashyanā* – em páli: *vipassanā* – meditações), combinado com a compreensão do que deve ser abandonado e do que deve ser desenvolvido, auxilia a pessoa a alcançar a paz suprema (*Nirvāna*).

Contrariamente a seus desejos, cada homem vagueia a esmo no ciclo da experiência insatisfatória, ou *duhkha*, também denominado roda de nascimentos e mortes, sofrendo de formas muito diversas. As causas para a existência deste ciclo (*duhkha*) são tanto as manchas quanto a distorção de mente (*klesha*) tais como ganância, aversão e ilusão. Uma vez que estas manchas têm profundas raízes na mente do homem, até e a menos que sejam completamente aniquiladas, não será possível esgotar a fonte de *duhkha*. Para obter a liberdade de *duhkha* e atingir aquele desprendimento, que é imensa paz e sublime felicidade, existe um e apenas um meio, ou seja, a destruição dessas manchas de ganância, ódio e ilusão, as quais são inatas em nossas mentes. As seções seguintes descrevem a maneira pela qual podemos atingir esta liberdade.

As Três Coleções da Palavra do Buda
(*Tripitaka*)

O Senhor Buda ensinou todas as 84.000 seções do *Dharma* (nas quais pode ser dividido todo o ensinamento) com o único fim de instruir as pessoas nos meios através dos quais elas podem destruir as manchas mentais e, assim, vivenciar a paz suprema. É tão somente pela prática dos métodos do *Dharma,* ensinado nestas 84.000 seções, que tais manchas podem ser eliminadas. O ensinamento duodenário do *Dharma* [27]constitui uma classificação mais breve, mas se quisermos adotar uma divisão ainda mais concisa, podemos afirmar que todos os ensinamentos do Senhor Buda estão contidos dentro dos três conjuntos (literalmente "cestos").

Estes são a Coleção de Disciplina (*Vinaya Pitaka*), dos Discursos (*Sūtra Pitaka*) e da Filosofia psicoética pragmática denominada *Abhidharma Pitaka.* Os compiladores (os grandes *bhikshus* dos primeiro e segundo concílios) desses três conjuntos organizaram o grande volume dos ensinamentos de Senhor Buda em três categorias por várias razões. Nove destes, considerados entre os mais importantes, foram escolhidos para estudo neste livro: três expõem respectivamente *Sūtra, Vinaya* e *Abhidharma* do ponto de vista daqueles *dharmas* que deveriam ser destruídos: os três seguintes ocupam-se dos *dharmas* que deveriam ser desenvolvidos sob o ponto de vista do treinamento; enquanto os três últimos – *Sūtra, Vinaya* e *Abhidharma* – são vistos sob o ângulo daqueles *dharmas* que deveriam ser conhecidos. Temos assim uma sequência de destruição (das inabilidades), desenvolvimento (das habilidades) e conhecimento ou compreensão (da verdade) – esta deve ser a ordem seguida por todos aqueles que desejam praticar o *Dharma.*

Três Razões do Ponto de Vista da Destruição

Correspondendo aos três conjuntos existem três manchas mentais que apontam para as suas respectivas funções. As três manchas obstruem o caminho da liberdade, de forma que as pessoas desejosas de vivenciá-las devem destruí-las:

A primeira destas manchas é o ceticismo (*vicikitsa*), o qual produz a dúvida nas mentes dos homens com relação à veracidade das Quatro Nobres Verdades e da Originação Dependente[28]. Ao refletir sobre o Conjunto dos Discursos, a pessoa liberta-se do ceticismo, pois os conteúdos deste conjunto são verificáveis e, portanto, vistos como contrários a essa mancha. Por que é assim? Na Coleção dos Discursos, as características[29] individuais e gerais dos agregados, entradas e elementos, origem dependente, Quatro Nobres Verdades, dez níveis, dez qualidades em aperfeiçoamento e muitos outros, encontram-se nitidamente demonstrados – enquanto que o supremo treinamento na serenidade é esclarecido com perspicácia. Ao tornar claras essas duas características, a pessoa pode livrar-se do ceticismo quando for possível chegar a um entendimento correto. A natureza do ceticismo, contudo, não permite que isto aconteça, fazendo com que a mente permaneça vacilando em meio a toda a sorte de extremos e de opostos. É dito, portanto, que o *Sūtra Pitaka* foi ensinado para contrapor-se a esta mancha de ceticismo [30].

Tais extremos, como o deleite nos prazeres sensuais, por um lado, ou por outro, a tortura do corpo por votos de ascetismo com o objetivo de purificar a mente, deveriam ser evitados. Para que sejam superados, o Senhor Buda ensinou a Prática do Caminho do Meio[31]. A segunda das manchas obstrutivas causa apego às visões extremistas (*antadvayānuyojaka*). Ao ponderar sobre a *Vinaya Pitaka*, esta mancha pode ser destruída, pois se diz que a Disciplina está na posição oposta ao apego às visões extremistas. Como funciona isso? A análise detalhada da conduta encontrada na Coleção de Disciplina aponta os erros relativos ao deleite nos prazeres sensuais, tais como alimento sofisticado, camas macias e confortáveis, relações sexuais[32] e assim por diante, encorajando, desta forma, as pessoas a restringirem-se. Os dois extremos mencionados acima são denominados o afogar-se nos prazeres sensuais (*kāmesu -kāmasukhal-likānuyoga*) e seu oposto, o praticar da tortura física para obter a autopurificação (*ātmaklamathānuyoga*); assim é bastante claro que a abstenção (*samvara*), conforme ensinado no *Vinaya Pitaka,* fará oposição a esta mancha.

Embora os conteúdos da Coleção de Disciplina tenham sido salientados como opostos aos prazeres sensoriais, ainda assim, para os que estão plenos de virtudes puras e desapego e que, além disso, sem esforçarem-se, conseguem obter tanto respeito quanto bens materiais para seu conforto (devidos aos seus méritos), e são capazes de impedir seu apego por tais disponibilidades, a essas pessoas o Senhor Buda permitiu o obséquio da alimentação refinada e do descanso. Como ele não aprovou a rígida austeridade para todos indiscriminadamente, esta parte do ensinamento no *Vinaya Pitaka* aparece em oposição ao extremo do autossuplício. A essência desta questão pode ser assim resumida: a pessoa de muitas posses, que as utiliza sem apego, permanecendo sem a mancha da paixão, tem de fato um caráter puro e está apta a ter fama, riqueza etc., ao passo que se um *bhikshu,* que usa apenas três mantos e os costura com trapos coletados de um monte de lixo (*pamsakūlacīvara*), ainda assim tiver apego pelo que possui, terá seu caráter maculado, não sendo permitido pelo Senhor Buda que tal pessoa disponha de benefícios adicionais. A disponibilidade e a proibição na prática do *vinaya* dependem, respectivamente, do aumento ou da diminuição das manchas mentais e não dos meros requisitos (ou posses) em si. Por isso, o *Vinaya Pitaka* foi ensinado para contrapor-se à mancha que leva a pessoa a manter rígidas suas visões extremistas.

Consideremos agora a terceira mancha mental: a visão dogmática que faz declarar "minha própria visão é verdadeira e todos os outros estão errados". Uma pessoa pode prender-se a esta visão com tal força que acaba por jamais querer dela abdicar. Trata-se de "*idam-satyābhinivesa*"[33] ou, literalmente, "isto é crença dogmática da verdade", e constitui a terceira mancha a ser abandonada. Como isso pode ser feito? A ponderar-se sobre o *Abhidharma Pitaka,* que se diz estar em oposição a tais visões dogmáticas.

O estudo do *Abhidharma* através do ouvir, do ler e do refletir resulta no claro entendimento das características[34] individuais e gerais das três marcas da impermanência, insatisfação e inexistência de alma individual. Uma vez que as pessoas não possuem o discernimento concernente a essas três marcas, elas caem nas armadilhas das visões errôneas, e assim, de modo deturpado, tomam o que e insatisfatório por felicidade, percebem o impermanente como permanente, concebem uma alma individual onde esta alma não existe e, por fim, veem o não belo como belo. Mantendo tais visões distorcidas, elas podem vir a considerar padrões de conduta moral incorretos como corretos e como hábeis as práticas que são, na verdade, inábeis. O *Abhidharma* mostra claramente as características dos *dharmas* e seus efeitos, auxiliando assim a estabelecer o reto entendimento que em si é oposto a todas as visões errôneas responsáveis pelos desvios, entre os quais se encontra a visão dogmática: "Esta é a verdade, tudo o mais é falso.» É dito que o *Abhidharma* foi ensinado com a finalidade de destruir tais visões equivocadas, na medida em que enfatiza a supremacia da senda de prática de Buda.

Três Razões do Ponto de Vista do Treinamento

Toda a instrução do Senhor Buda pode ser resumida sob os padrões do treinamento tríplice: Virtude (*Sila*). Serenidade (*Samādhi*) e Sabedoria (*Prajñā*), as quais se encontram expostas na seção seguinte.

Quando consultamos os três conjuntos da palavra do Buda nos *Sūtras* ou Discursos, encontramos descrito, em primeiro lugar, todo o treinamento em cada um dos três aspectos. Do ponto de vista do *Srāvakayāna*[35], a virtude consiste nos preceitos *Prātimoksa* (ver abaixo), que previnem contra o desvio da reta conduta a fim de que não se cometa a menor falta, maculando, assim, a própria natureza. A capacidade de fixar-se na obtenção da concentração (*dhyāna*) e nas esferas sem forma (*arūpa-samāpatti*) constitui o treinamento na serenidade, enquanto que o discernimento (*vipasyanā*) para as Quatro Nobres Verdades é o treinamento na sabedoria.

Do ponto de vista do *Māhayāna,* treinar-se na virtude é extinguir toda a conduta equivocada[36] , ao passo que o treinamento na serenidade é visto na realização dos dois tipos de prática conhecidos como *Gaganagañja* e *Sūramgama*[37]. O treinamento da sabedoria é, portanto, a experiência do conhecimento não discriminante (*nirvikalpajñāna*) em relação aos *dharmas*, o que significa o saber baseado na Verdade Absoluta. Desta forma, tanto nas Coleções de Discurso *Srāvakayāna* quanto no *Māhayāna,* é ensinada a íntegra do treinamento tríplice.

Passando agora ao *Vinaya Pitaka,* ou Coleção de Disciplina, diz-se que ali são ensinadas tanto a virtude quanto a serenidade. Posto que a disciplina informa a pessoa sobre o que deveria ser evitado e o que deveria ser aceito, sua própria virtude se purifica. Devido à purificação, a perturbação e o remorso não têm como originar-se na mente. Quando a mente permanece inalterada, o resultado é a leveza do corpo e sua fácil maleabilidade. No estado mental tranquilo, alegria e felicidade em profusão permeiam o corpo e a mente do indivíduo. Quando isto é vivenciado, aquele que medita estabelece a unidirecionalidade e é, assim, capaz de penetrar em um estado de serenidade (*samādhi*)[38]. É dessa maneira que o *Vinaya* ensina ambos os treinamentos da virtude e da serenidade.

O terceiro conjunto é o do *Abhidharma,* em que se ensina a sabedoria somente. Neste conjunto é feita uma análise completa para averiguar as naturezas de todos os *dharmas.* Ao ouvir, ler e refletir, a sabedoria aparece livre da ilusão que penetrou a natureza dos *dharmas.* É desse modo que o *Abhidharma Pitaka* nos instrui no treinamento de sabedoria.

Três Razões do Ponto de Vista do Conhecimento

A Coleção do Discurso contém tanto significado literal (*vyañjana*) do *dharma* quanto o aprofundamento ou explanação que ele transmite (*artha*). Aqui o *dharma* literal é representado pelas letras, palavras e termos empregados no ensinamento, tais como "agregados", "entradas" ou "elementos", enquanto que a informação derivada de sua utilização contém o significado essencial ou aprofundado. Há um outro modo de exposição, pois é dito que os agregados, entradas e elementos constituem o *Dharma* literal, enquanto que o método quaternário de transmissão de significado e as relações quaternárias detêm o significado essencial ou aprofundado. Mais uma vez, podemos dizer que o *Dharma* literal significa o caminho das dez ações corretas (ver a próxima seção sobre a virtude) que conduzem à experiência de estados celestes, ao passo que a Senda da

Prática, formada pelas trinta e sete Asas da iluminação conducentes ao *Nirvāna*, é o significado essencial. Assim, a Coleção do Discurso fornece a interpretação correta de ambos os significados, literal e aprofundado.

Depois há o *Vinaya* que mostra o *dharmas* a serem desenvolvidos e destruídos respectivamente, de modo que aquele que prática se estabelece na virtude pura (o sentido literal), enquanto também encoraja a prática da meditação sobre a impureza (*ashubha-bhāvana*) e assim por diante. Ocorre então a destruição das manchas mentais (o sentido essencial). Assim, quando um homem está pleno da virtude pura, suas manchas mentais podem ser destruídas a fim de que esses dois aspectos do ensinamento, *vyañjana* e *artha*, venham a aparecer. Assim, o *Vinaya* fornece a confirmação de ambos os aspectos do *dharma* àquele que o pratica.

O estudo do *Abhidharma* capacita os homens a expressarem em palavras, para benefício de outros, o significado literal e aprofundado do *Dharma*.

As categorias descritas acima mostram respectivamente as razões pelas quais foram ensinadas as Coleções dos *Sūtra, Vinaya* e *Abhidharma* e como elas se harmonizam em vários níveis com a destruição, o treinamento e o conhecimento, ilustrando, assim, a síntese de meios corretos e sabedoria a ser vista no todo do ensinamento budista e em todos os três veículos – os dos discípulos, dos Budas Silenciosos (praticantes solitários) e o Grande Veículo [39].

Palácio de Potala, a residência tradicional dos Dalai Lamas em Lhasa, no Tibete. Construção iniciada pelo 5º Dalai Lama por volta de 1645 d.C. Este é um quadro de tapeçaria.

Sua Santidade Tensin Gyatso,
o 14º Dalai Lama do Tibete
fotografado por John Faber

O Treinamento Tríplice
(*Trisiksā*)

Todo o ensinamento do Senhor Buda pode ser resumido sob os títulos de *adhishila, adhisamādhi* e *adhprajñā,* pois os tópicos discutidos nos três conjuntos pertencem a um ou outro destes títulos. Em cada um desses três termos, o prefixo "*adhi*" significa "especial" ou supremo. Assim, o termo "*adhishila*" significa "virtude suprema ou especial". Recebe a denominação de "especial", pois provou ser benéfica tanto para aquele que a observa quanto para os outros, nesta vida e em vidas futuras. Os modelos de virtude mantidos por pessoas que sustentam outros pontos de vista (não budistas) não pertencem a esta categoria. Por exemplo, a postura ritualística, tal como ocorre na prática hindu, sustenta que é virtuoso desempenhar a prática do "fogo quíntuplo", o qual na verdade jamais virá em benefício próprio nem alheio, podendo, sim, causar problemas a todos os envolvidos[40]. Posto que, pelo contrário, tanto o próprio praticante quanto os outros são favorecidos pelo treinamento na virtude suprema, esta prática é corretamente aclamada como sendo a mais elevada.

De modo semelhante, pode-se ver por que o treinamento na serenidade suprema (*adhisamādhi-shiksa*) é assim chamado. A serenidade, como pode ser determinada pela prática, opõe-se às manchas mentais e à entrega aos maus pensamentos, conduzindo assim não apenas à felicidade em vidas futuras como também à felicidade no aqui e no agora. Mas isso não é tudo. Através de sua prática, ensinada no *Buddhadharma,* pode-se por fim vivenciar a bem-aventurança suprema do *Nirvāna.* Por esta razão, a serenidade ensinada pelo Senhor Buda não pode ser qualificada como "comum", porém é tida como sendo especial ou "suprema". O *samādhi* proferido por não praticantes do *Buddhadharma* tem apenas o efeito de acalmar a mente, evitando que esta se perturbe pelos objetos dos sentidos, conduzindo assim à felicidade no presente e, no máximo, à elevação como um *deva* (deus) nos campos celestes da forma ou da não forma (*rūpārūpabhūmi*), que é uma das seis divisões do vaguear contínuo[41]. Desenvolvendo apenas a calma sem *vipasyanā* ou discernimento, aquela prática não destrói as manchas da mente e seus maus pensamentos. Portanto, os *samādhis* dos não praticantes do *Buddhadharma* não podem ser denominados "supremos".

A fim de entender por que a sabedoria ensinada pelo Senhor Buda é chamada de Sabedoria Suprema, deveríamos conhecer um pouco sobre o alcance de sua ação. A crença no "eu" ou na alma e manutenção da visão de que existe uma entidade permanente é denominada *ātmadrsti* (visão da alma individual). Esta é dividida em dois aspectos: a visão da individualidade na pessoa (*pudgalātmadrsti*) e a individualidade (alma) nos *dharmas* (*dharmātmadrsti*). Além do mais, podemos distinguir dois tipos de invólucros (ou obstruções) do pensamento, denominados obstrução das manchas mentais e obstrução ao conhecimento (*kleshāvarana, jñeyāvarana*). É a primeira que sustenta a visão da individualidade da pessoa, ao passo que a segunda dá origem à visão da individualidade nos *dharmas*. É devido a essas visões e obstruções enganosas que os seres encontram-se enredados nas manchas mentais e na ignorância (*avidyā*). A sabedoria ensinada pelo Senhor Buda é capaz de destruir tais manchas e obstruções para sempre, pois quando é posta em prática, e uma vez alcançada sua compreensão, tanto as manchas quanto as obstruções desaparecem, deixando atrás de si conhecimento desobstruído (*nirāvarana*). *Prajñā*, ou a sabedoria deste tipo, dificilmente poderá receber o nome de "comum", e é correta sua designação enquanto Sabedoria Suprema. Ao examinarmos a sabedoria ensinada por não praticantes do *Buddhadharma*, veremos que ela não é assim suprema, não conduz as pessoas a ver as coisas como elas verdadeiramente são (*yathābhūtajñanadarshana*) e nem ao conhecimento da Verdade Absoluta. Sendo assim, não é possível, de forma alguma, atravessar e romper os liames da ignorância que constitui a causa raiz para a continuidade do vaguear (*samsāra*).

I. O Treinamento na Virtude Suprema (*Adhisila siksā*)

Este é o primeiro dos três treinamentos, pois assim como a terra representa a fundação de tudo no mundo, também a virtude constitui a base e a raiz de todos os *dharmas* hábeis (*kushala-dharma*). Todos os *dharmas* vivenciados através da prática da serenidade e da sabedoria têm sua origem neste primeiro treinamento. Embora a essência do treinamento na virtude suprema esteja contida nos dez preceitos de Abstenção dos Meios Inábeis, muitas outras variedades de preceitos poderiam ser descritas. Aqui, porém, três serão o suficiente:

Preceitos *Prātimoska*
Preceitos *Bodhisattva*
Preceitos *Vajrajānā*

Todos os outros grupos de preceitos na verdade encontram-se incluídos na extensão destas três classes. Em primeiro lugar, descreveremos os preceitos-raiz ou os dez preceitos que tratam da abstenção da inabilidade. Quando este tipo de preceito estiver bem estabelecido no coração da pessoa, ela pode resguardar-se até mesmo no momento em que lhe surgir uma tendência inábil.

Dez Preceitos de Abstenção dos Meios Inábeis *(dasa akusala-prativirati-sīla)*

Nesta seção, os dez preceitos estão divididos em dez classes de acordo com o tipo de ação que os viola, podendo ser esta relativa ao corpo, à fala ou à mente. Três podem ser as ações inábeis cometidas pelo corpo; quatro, por meio da fala e as três remanescentes são ocasionadas pela mente.

Essas ações inábeis, ou *karma*[42], como deveriam ser chamadas, podem ou não ser consideradas como sendas do *karma*. Com certeza, os *karmas* inábeis que constroem o caminho conducente aos estados de pesar[43] decididamente perfazem sendas *kármicas*. Para que se considere um *karma* enquanto sendo *kármica,* é necessário que ele tenha o potencial especial de levar a pessoa a cometê-lo para a religação, ou nascimento, na condição de espírito, animal ou ainda no "inferno". A fim de saber ao certo se um *karma* possui ou não tal potencial, precisamos examinar os fatores nele envolvidos, pois, se estes forem completos, podemos estar seguros de que o *karma* de fato constitui uma senda *kármica.* Cada uma das dez ofensas abaixo possui cinco fatores para sua consecução[44]. Veremos que a abstenção, praticada sobre o corpo, a fala e a mente, assegura que essas ofensas não sejam cometidas.

1. Abstenção da Destruição da Vida (*prānātipāta-virati*)

1.1 O primeiro fator necessário à quebra deste preceito está em um ser vivo dispor de uma vida que não seja a sua própria. O ser que é destruído é denominado o objeto (*vastu*).

1.2 Deve haver a intenção (*samjñā*) de matar sabendo que o objeto está vivo.

1.3 A seguir, deve haver o esforço (*prayoga*) feito por alguém para matar, ou ainda para incitar outros a fazê-lo através de veneno, armas, magia negra e assim por diante.

1.4 Para cumprir o assassínio, deve estar presente algum aspecto de mancha mental (*klesha*), como ganância, aversão ou ilusão. Neste caso, a aversão (*dvesa*) com frequência constituirá a mancha dominante.

1.5 O último fator e a consumação (*nispatti*) da morte de um ser vivo diante de seu matador. Apenas quando todos esses cinco fatores estiverem presentes é que o assassínio será encarado como uma senda *kármica*, pois em outros casos pode ser somente um acidente ou talvez fruto de uma conduta impensada, embora ainda resultando em consequências dolorosas.

A intensidade do mal cometido e do *karma* acumulado varia de acordo com a maneira pela qual ele se cumpriu, seu motivo e o tipo de ser que foi privado da vida. Basicamente, o assassínio pode ocorrer por motivos fundamentados em cada uma das raízes de inabilidade. Assim, por vezes, mata-se pelo desejo de comer a carne de um animal – neste caso, a consumação acontece pela raiz da voracidade. Em outras ocasiões, o motivo para o assassínio é a raiva, vingança etc., de modo que a raiz da aversão será a dominante. Onde houver imolação com base em visões errôneas, como a oferenda de animais em sacrifício, a raiz dominante será a ilusão[45]. Dentre os muitos seres que podem ser destruídos, o assassínio de um Instrutor religioso, do pai, da mãe, de um *Arhat*, ou de qualquer outra pessoa religiosa, seja um andarilho ou um sacerdote estabelecido em um templo, constituirá a ofensa mais séria.

2. Abstenção do Tomar o Que Não é Dado (*adattādāna-virati*)

2.1 O objeto é a riqueza ou propriedade alheia, ou aquilo que foi dedicado à Tripla Gema (*Buddha, Dharma, Shamga*).

2.2 A intensão é o desejo de possuir aquela riqueza ou propriedade por meio de roubo violento, remoção furtiva, ou, ainda, por meio de qualquer trato fraudulento ou embuste.

2.3 O esforço feito pode ser pela própria pessoa ou ao encarregar ou incitar outros a tomarem o que não é dado.

2.4 Todas as três raízes das manchas podem estar presentes, mas a avidez será a dominante.

2.5 A consumação consiste na satisfação da mente daquele que furtou. Tal satisfação origina-se na posse do artigo roubado, seja este removido ou não de seu lugar.

Há três modos de tomar o que não é dado: o primeiro é ao ameaçar pela força uma pessoa desarmada; o segundo, ao furtivamente invadir e remover o que se deseja ou, ainda, por último, através de vários tipos de embuste e transação fraudulenta. De todas as diferentes formas nas quais este preceito pode ser quebrado, a mais séria é a que envolve a Tripla Gema.

3. Abstenção da Conduta Errada nos Desejos Sexuais (*kāmamithyācāra-virati*)

3.1 O objeto é uma pessoa do sexo oposto com quem não se deveria relacionar, como a esposa ou a marido de alguém, um homem ou uma mulher sob a custódia dos pais ou responsáveis, ou, ainda, uma pessoa do sexo oposto que, ao entrar para a vida religiosa, permanece celibatária.

É também considerado objeto alguém que pertence a uma família com a qual se tenha tido ligação nas últimas sete gerações. Sob certas condições, manter relações até mesmo com a própria esposa pode constituir violação desse preceito, como quando ocorre nas proximidades de santuários ou em templos, no momento errado, como durante *upavasatha* (dia de jejum)[46], durante alguma ocasião inoportuna, como à luz do dia, no decorrer do período menstrual ou quando ela estiver grávida, ou, ainda, por meio de alguma prática não natural.

3.2 O segundo fator é a intenção de uma mulher (ou homem) de ter uma relação sexual.

3.3 Então deve haver o esforço feito para cumpri-lo.

3.4 Dentre as várias manchas mentais, a avidez é a raiz predominante, ao passo que as duas outras (aversão, ilusão) também podem estar presentes.

3.5 A consumação é a aceitação deleitosa do sentimento que resulta do contato entre os dois órgãos sexuais. No que tange às pessoas, esse preceito pode ser quebrado de três formas: se a relação sexual se der com uma mulher ou um homem que é mantido ou protegido por parentes, pai, mãe ou irmão; com uma mulher sob a proteção do marido (ou, no caso do homem, o que já estiver casado); ou com uma pessoa protegida pelo *Dharma,* incluindo todos os que devotam suas vidas inteiras à prática religiosa. Dentre as várias formas de má conduta sexual, a mais grave constitui a relação incestuosa com a própria mãe, que foi ao mesmo tempo *bhikshunī e Arhat.*

4. Abstenção da Fala Mentirosa (*mrsāvāda-virati*)

4.1 Aqui o objeto é um ser humano que não seja o sujeito da ação, pois deve haver alguém a quem ou de quem se fale mal.

4.2 A intenção é a de distorcer a verdade como, por exemplo, quando alguém que não viu algo é questionado sobre o fato, e responde: "Sim, eu vi..."

4.3 O esforço é feito ou pela palavra ou por ação física que tenha sido precedida de pensamentos arquitetados.

4.4 No que tange às manchas, qualquer uma das três raízes pode predominar.

4.5 Cumpre-se quando o que quer que alguém tente fazer outros crer, por comunicação verbal ou física, é entendido na forma projetada pelo mentiroso. A expressão de uma inverdade apenas por palavras pode ser variada quando são utilizados movimentos físicos que a transmitem.

Três grupos de ofensas são distinguidos aqui: o tipo de inverdade relatado sobre o *uttara-manusyadharma,* que é a reivindicação de realização de estudos super-humanos[47] os quais não foram vivenciados, embora se tente convencer os outros de que o foram. Este é denominado o grupo conducente à queda (em um nascimento inferior, nos estados de pesar, em vidas futuras). A seguir, existe a mentira que se conta para o próprio bem-estar e para a destruição dos outros, e isto é conhecido como a "grande falsidade". Por último, a mentira que não é contada nem para o próprio bem-estar nem para causar danos, sendo apenas o desejo de mentir (talvez por brincadeira etc.) é classificada como uma pequena mentira. De todas as formas de mentira possíveis, a pior constitui falar mal do Senhor Buda, ao passo que enganar os próprios pais, mãe e Instrutores religiosos é também muito sério.

5. Abstenção da Fala Caluniosa (*paisunyavācā-virati*)

5.1 Como objeto é preciso haver pelo menos duas pessoas que sejam amigas.

5.2 A intenção está na forma do desejo de destruir sua amizade.

5.3 O esforço consiste na tentativa de causar desunião.

5.4 Todas as três raízes de inabilidade podem estar presentes entre as manchas, mas a raiz da aversão costuma predominar.

5.5 Cumpre-se a violação deste preceito quando o significado das palavras usadas para a difamação é compreendido pelas outras partes. Esforçar-se para que as partes em oposição não venham a reconciliar-se também figura sob este preceito.

A difamação pode ser de três tipos: na primeira categoria faz-se uso de expressão vigorosa, e o assunto é discutido abertamente, não em segredo, talvez sob o pretexto de amizade sincera. O segundo tipo de difamação é efetuado pela transmissão das palavras de cada parte à parte remanescente, promovendo assim a desunião. Por fim, pode-se difamar em segredo ou de forma indireta, utilizando-se o discurso de outros. A pior forma de difamação possível ocorre quando se interrompe uma relação entre Instrutores religiosos e seus discípulos, ou, ainda, quando a concórdia do *Samgha* (comunidade de monges budistas) é destruída.

6. Abstenção da Fala Ríspida (*phārusyavācā-virati*)

6.1 Como objeto deve haver uma pessoa que não seja aquele que fala rispidamente.

6.2 Já houve a intenção de falar de modo ríspido e isso constitui a intenção neste caso.

6.3 O esforço para falar utilizando palavras ásperas é o esforço do sujeito.

6.4 Enquanto podem estar presentes todas as três espécies de manchas mentais, é a raiz da aversão que costuma predominar.

6.5 Finalmente, cumpre-se pelo externar palavras ásperas.

Há também três tipos de discurso ríspido: o primeiro é quando ocorre frente a frente de modo que a pessoa assim abordada sofra humilhação. Em segundo lugar, palavras ásperas podem ser direcionadas a outra pessoa de forma indireta, caso no qual se fere a pessoa a quem as palavras são de fato endereçadas. A forma indireta de discurso ríspido é vista quando se fala mal da pessoa, a quem se deseja ferir, a um seu amigo. Isso também pode ser feito por carta. Dentre as várias formas de discurso ríspido, aquele endereçado a um *Ārya* (nobre ser), ou ao pai ou à mãe, representa a violação mais seria.

7. Abstenção da Tagarelice Tola (*sambhinnapralāpā-virati*)

7.1 Como no caso anterior, o objeto é outra pessoa.

7.2 A intenção é de tagarelar de modo frívolo e descuidado.

7.3 O esforço é visto quando alguém começa a tagarelar, contar histórias tolas e cantar canções inúteis.

7.4 Apesar de todas as três raízes inábeis poderem estar presentes, a principal mancha será a da ilusão.

7.5 Cumpre-se quando são emitidas palavras indignas de comunicação.

O discurso frívolo é também de três espécies: insensatez inverossímil, como rezas aos deuses, lendas, mitos religiosos e contos milagrosos; a insensatez terrena inclui falar dos outros, contar histórias inúteis, piadas e ficção. A insensatez verossímil é o ensinamento do *Dharma* a uma pessoa que ainda não está pronta para recebê-lo. Considerando todos os tipos de discurso frívolo, o mais sério é o que resulta na distração mental da pessoa devotada ao *Dharma*.

8. Abstenção da Cobiça (*abhidyā-virati*)

8.1 O objeto aqui é a propriedade alheia, móvel ou imóvel.

8.2 A intenção é a de nutrir desejos e esperanças de possuir propriedade ou dinheiro.

8.3 O esforço consiste no reiterado planejamento de como aquela propriedade pode ser adquirida.

8.4 Das três raízes inábeis, a cobiça é a predominante, embora as outras possam também estar presentes.

8.5 Cumpre-se quando se percebe que as maquinações resultaram no completo abandono da vergonha (*hrī*) e do temor à infâmia (*apatrapā*).

Há três variedades de cobiça: pela propriedade dentro da própria família, pela propriedade alheia ou por aquela que não pertence a pessoa alguma. Entre as formas possíveis de cobiça, a mais seria é a relativa à propriedade e aos bens acertadamente mantidos pelos *bhikshusamgha*.

9. Abstenção da Malevolência (*byāpāda-virati*)

9.1 O objeto é outro ser que não o sujeito.

9.2 A intenção é a de matar, espancar ou destruir outros.

9.3 O esforço feito é o planejamento de como chegar a causar o dano ou a destruição alheia.

9.4 Ao passo que todas as raízes inábeis podem estar presentes enquanto manchas, é a raiz da aversão que predomina.

9.5 Cumpre-se quando se veem virtudes no assassínio, espancamento e destruição de outros, e não existe mais preocupação com a senda hábil e oposta, relativa aos sentimentos de amizade e à compaixão (*maitrī-karunā*).

A malevolência pode ser dividida em três categorias: o pensamento relacionado com o assassínio de outros, formado a partir de pura raiva ou malícia, do qual se acomete um soldado no campo de batalha; a ponderação de como se pode causar dano a outrem por motivos de rivalidade, e, por último, a manutenção da inimizade para com alguém que tenha feito mal ao sujeito, mesmo depois daquela pessoa ter se desculpado por sua má conduta. O pior excesso da malevolência é visto naqueles que contemplam os crimes de "imediação"[48], que abrangem o matricídio, o patricídio, o assassínio de um *Arhat*, o derramamento do sangue de um Buda e a causação de um cisma na *Samgha*.

10. Abstenção de Visões Errôneas (*mithyādrsti-virati*)

10.1 O objeto (*vastu*) são os *dharmas* hábeis e inábeis na mente (*citta*).

10.2 A intenção aqui é a de se opor ao princípio de causa e efeito, pensando em termos de "nenhum *dharma* é hábil, nenhum *dharma* e inábil" e "não há frutos para os *dharmas* hábeis nem para os *inábeis*".

10.3 O esforço (*prayoga*) feito é a reflexão reiterada de que não existem *dharmas* hábeis nem inábeis e de que deles não provêm frutos.

10.4 Em geral, a ilusão é a mais forte das manchas (*klesha*), embora todas as três raízes inábeis possam estar presentes.

10.5 A consumação (*nispatti*) ocorre quando alguém está convencido da inexistência da habilidade e da inabilidade, bem como da inexistência de seus frutos, estando assim completamente imerso em visões errôneas, não dispondo de qualquer visão correta (ou entendimento) que se oponha às suas convicções.

Podem ser discernidas três classes de visões errôneas. Primeiro, aquela que declara não existir *karma*, hábil ou inábil, e nem os resultados de felicidade *kármica* e de insatisfação (*sukha, duhkha*), esses últimos surgindo sem causa. Desse modo, é minada a lei de causação[49]. Em segundo lugar, a visão errônea de que apesar de haver uma senda prática e apesar de alguém poder persegui-la com êxito (em termos budistas, a prática de Senda da verdade ou *mārgasatva*), não pode haver realização (da cessação de *duhkha* ou *nirodhasatya*), abalando assim as Quatro Nobres Verdades. Incorre-se na terceira visão errônea ao afirmar-se que não existe Buda ou ser que se ilumine por seu próprios esforços, de modo que não possa existir *dharma* (baseado na iluminação) nem finalldade para aqueles que estão se esforçando pela iluminação. Tudo isso importa em uma crítica totalmente destrutiva da Tripla Gema. De todas as espécies de *karma* mental inábil, está última visão falsa é a mais séria. A observância destes dez preceitos e o resguardo contra a comissão dos dez *karmas* inábeis acima descritos recebem o nome de manutenção dos Preceitos de Abstenção dos Meios Inábeis, cujo relato está agora terminado. Procederemos a seguir a um breve exame de:

Os Preceitos *Prātimoksa*

"Prātimoksa" (em páli: *"pātimokkha"*) é uma palavra composta, onde a primeira parte, *"prāti"*, tem o significado de "libertar-se de", ou seja, do *duhkha* terreno, conduzindo assim aqueles que observam esses preceitos à *"moksa"*, ou à liberdade do *Nirvāna*.

Ora, esses preceitos não são mantidos pelo medo, nem pelo desejo de proteção ou de obtenção de nome e fama terrenos, menos ainda para obter a felicidade em outro mundo, ao invés disso, são empreendidos por meio do desapego em relação ao mundo inteiro e com um forte desejo de paz e liberdade. Sua prática é sempre acompanhada pela volição de não maltratar (*ahimsā*). Por isso são fidedignamente denominados preceitos de *Prātimoksa*.

Uma vez que há oito classes de pessoas que observam esses preceitos [(50)], eles são de oito tipos:

Upāvasaka-sīla	(preceitos mantidos em dias de observância lunar)
Upāsaka-sīla	(preceitos dos devotos)
Upāsikā-sīla	(preceitos das devotas)
Srāmanera-sīla	(preceitos dos noviços)
Srāmanerikā-sīla	(preceitos das noviças)
Siksamānā-sīla	(preceitos de treinamento para as probacionárias)
Bhikshu-sīla	(preceitos para monges de ordenação completa)
Bhikshunī-sīla	(preceitos para monjas de ordenação completa)

Os preceitos são também conhecidos como preceitos de abstenção (*samvarashila*) e, por esta razão, os preceitos de todas as oito classes de pessoas são em conjunto denominados a abstenção *Prātimoksa* das oito pessoas. Os números de preceitos observados pelas diferentes classes variam do seguinte modo:

– Os preceitos do dia de observância são em número de oito.

– São cinco os preceitos dos *upāsaka* e *upāsikā*.

– *Sramanera* e *Sramanerikā* possuem cada um trinta e seis preceitos, dez dos quais são preceitos-raiz [51].

– *Sksamānā* tem doze preceitos, seis dos quais são preceitos-raiz a serem observados dois anos antes de tornar-se uma *bhikshunī*.

– Duzentos e cinquenta e três são os preceitos dos *Bhikshu,* divididos em classes onde as ofensas mais sérias figuram no início como segue[52] :

Quatro *Pārājika* (derrota): pela prática destes males um *Bhikshu* perderá o hábito e não poderá ser reordenado.
Treze *Samghāvasesa* (acarretando um encontro inicial e subsequente da *Samgha*)
Trinta *Naihsargika* (expiação com penalidade)
Noventa *Prāyascittīya* (acarretando expiação)
Quatro *Prātideshanīya* (que devem ser confessados)
Cento e doze *Saiksa* (regras de boa conduta)

– Os preceitos das *Bhikshunī* são trezentos e sessenta e quatro, divididos entre as mesmas categorias acima, nesta forma:

– 8 *Pārājika,* 27, 33, 180, 11, 112 *Saiksa*[53].

Destes oito tipos de preceitos *Prātimaksa,* apenas o primeiro é temporário, sendo observado por um dia e uma noite, após o que é abandonado. A pessoa leiga retorna então à observância dos Cinco Preceitos. Nas outras sete classes, os preceitos devem ser observados pela vida inteira até a morte.

Para aqueles que desejam iniciar-se em alguma classe dos preceitos *Prātimoksa,* existe uma série de impedimentos à sua observância; assim, se alguém desejar empreendê-los, deverá estar livre do seguinte:

1. Ter assassinado a própria mãe ou pai, ou um *Arhat;* ter ferido um Buda ou ocasionado um cisma em um *Samgha.* Estas cinco violações são denominadas *karma* de imediação e impedem o surgimento do autodomínio.

2. Mais uma vez, a não obtenção da permissão do responsável (onde for necessária) ou de pai ou de mãe (se a

pessoa desejar entrar para a vida sem lar) impedirá o estabelecimento do autodomínio.

3. Também a juventude acentuada, descrita pela expressão "ser incapaz de espantar os corvos" é um impedimento para o desenvolvimento da abstenção. Por fim, defeitos e peculiaridades físicas podem constituir um impedimento à prática do controle relativa a estes preceitos.

Dever-se-ia observar que o nascimento não constitui impedimento: assim, se a pessoa nasceu em uma família de classe alta ou baixa, seja ela rica ou pobre, poderá ainda empreender estes preceitos. Todos que estiverem livres dos defeitos acima descritos deveriam observar um grupo destes preceitos, de acordo com suas capacidades e oportunidades pessoais.

São dois os caminhos para obter-se o autocontrole ainda não atingido: fazendo um grande esforço, ou fazendo apenas um pequeno esforço.

Os fatores a seguir auxiliam a pessoa a manter o autocontrole já conquistado:

1. associação com bons amigos (Instrutores habilitados e companhias virtuosas).

2. manutenção do próprio entendimento em condição pura e livre de manchas.

3. manutenção da pureza dos preceitos através do conhecimento das manchas que lhe são opostas.

4. purificação oriunda do estudo e

5. recomendação constante das causas materiais da felicidade.

Esses cinco fatores são ainda explicados da seguinte maneira:

O primeiro significa que o autocontrole pode ser protegido ao se procurar *bhikshus* que tenham boa conduta e caráter ou ao se escutar os discursos de tais homens sábios e eruditos[54]. Alguém que tenha tido um progresso pronunciado deveria receber instruções sobre o *Dharma* e permanecer próximo de um Instrutor local, dotado de todas as qualidades de um bom professor.

O entendimento puro implica que se saiba quais os *dharmas* a serem abandonados e quais a serem desenvolvidos, sendo necessária diligência no aprendizado desta distinção. Para tal, dever-se-ia analisar o próprio *continuum* emocional-mental (o qual denominamos "mente" ou *citta*) com atenção e compreensão clara (*smrti-samprajanya*). Novamente, ao recordar-se dos próprios veneráveis Instrutores, dever-se-ia considerar a forma como eles reprovariam a conduta inábil, desenvolvendo assim a vergonha e o temor pela infâmia (*hrī-apartrapā*). Estando bem estabelecida nessas virtudes, a pessoa é capaz de proteger os preceitos.

O terceiro fator,"conhecimento dos *dharmas* em oposição", significa que se deveria adquirir o conhecimento das causas que levam à queda da felicidade da mente. Tendo conhecido tais causas integralmente, a pessoa deveria abandonar aquelas conducentes à destruição (as manchas mentais) e cultivar de modo consciente as causas que conduzem ao autocontrole. Isto pode ser feito através da audiência de exposições sobre o *Dharma*, considerando e refletindo sobre ele na própria mente e praticando os vários ensinamentos relativos ao *Dharma* e disciplina.

O estudo, neste caso, significa que a pessoa deveria tentar adquirir treinamento sobretudo nas três ocasiões seguintes: o dia de *Upavasatha* (quando se entoa o *Prātimoksa* e fazem-se discursos do *Dharma*), *Varsāvāsa* (o período de três meses da Casa de Verão para prática budista intensificada) e o dia de *Pravāranā* (que encerra a Casa de Verão, momento em que os *bhikshus* solicitam conselhos uns dos outros e são dadas instruções especiais).

As causas materiais da felicidade são os quatro requisitos da vida: vestimenta, alimento, abrigo e provisões médicas, quando seu uso dá origem a manchas mentais conducentes à queda, a pessoa deveria refrear sua utilização. Através do uso atento e moderado destes quatro requisitos é possível proteger a conduta moral.

Existem quatro fatores que conduzem os homens à ação inábil.

São eles:
ignorância,
desrespeito pelo ensinamento,
desatenção e
encadeamento de distorções mentais.

Esses quatro fatores constituem as portas para a queda, e renunciar a eles é dever daqueles que desejam proteger seus preceitos. Estes preceitos devem ser resguardados do mesmo modo como a pessoa protege seus olhos. Além disso, é necessário desenvolver os quatro hábeis fatores que se opõem a essas portas para queda:
sabedoria,
confiança,
atenção e
destruição das distorções mentais,
(Em sânscrito: *Prajñā, shraddhā, appramāda, kleshaksāya*)

É assim fácil entender que os preceitos da abstenção *Prātimoksa* são semelhantes, sejam eles perseguidos no *Theravāda* ou no *Mahāyāna*. É importante salientar que em ambas as ramificações do *Buddhadharma* é colocada grande ênfase na prática adequada da abstenção *Prātimoksha*.

Preceitos *Bodhisattva e Vajrayāna*

No que tange aos preceitos *Bodhisattva* e *Vajrayānā*, ambos são peculiares ao *Mahāyāna*. Se alguém empreende a observância dos Preceitos da Abstenção de *Bodhisattva* (*bodhisattva-samvara-sila*), terá de proteger-se contra as dezoito ofensas conducentes à queda, bem como contra as quarenta e seis formas de conduta errônea. Quando a pessoa está estabelecida nos preceitos *Vajrayāna*, ou do Veículo Adamantino, precisa resguardar-se das quatorze causas-raiz de queda e dos oito males graves, juntamente com a proteção da conduta das Cinco Famílias (*pañcagotra*), especial e comum, e também de muitas outras formas de conduta. Uma vez que os preceitos *Bodhisattva* e *Vajrāyana* são numerosos em conjunto com suas divisões e métodos de prática, eles não foram explicados neste introdutório.

Assim termina a descrição do Treinamento na Virtude Suprema.

II. O Treinamento na Serenidade Suprema (*Adhisamādhi-shiksa*)

Uma vez delineado o Treinamento na Virtude Suprema, passamos agora à descrição do segundo treinamento, relativo à serenidade (*samādhi*). Tratamos primeiro da virtude, pois somente a pessoa treinada na virtude poderá treinar-se na serenidade. A mente (*cilla*)[55] não costuma permanecer fixa em um objeto por longo período, pois oscila aqui e ali, ocupando-se com objetos dos vários campos sensoriais. Porém, através deste treinamento, ela pode tornar-se unidirecional ou perfeitamente concentrada. Quando a mente está tranquila e concentrada em um objeto hábil, então esta unidirecionalidade da mente é chamada "*samādhi*".

Samādhi, ou serenidade[56], pode ser analisada em vários níveis de concentração mental (*dhyāna*). Esses são precedidos pela serenidade de acesso (*upacāra-samādhi*), na qual são suprimidos os cinco impedimentos (*nivārana*)[57] que costumam surgir nos planos de desejo inferiores: porém, quando os fatores de concentração (*dhyānanga*) vêm à tona, este será o nível da serenidade de realização (*arpana-samādhi*). A serenidade pode ser de dois tipos: terrena e transcendental. A variedade terrena pode pertencer ao reino da forma ou ao reino da não forma e, dentro de ambos, há oito níveis (*bhūmi*), quatro em cada. Se, através da prática correta, a pessoa alcançou ambos os reinos da forma e da não forma, então ela terá atingido a perfeição de serenidade (*samādhi-pāramitā*).

Conforme destacamos acima, a serenidade é classificada como terrena ou transcendental. Para "terreno" dever-se-ia entender aqui três elementos terrenos (*loka-dhātu*), dentro dos quais se encontram todas as criaturas vivas[58]. Assim, a serenidade terrena é aquela que tem objetos terrenos e produz um resultado da mesma natureza: calma e felicidade nesta vida e na próxima, dando origem a um nascimento celeste (a experiência do "céu", do "paraíso" etc.). A serenidade transcendental significa que esse tipo de *samādhi* tem como alvo a liberdade, seus objetos sendo a ausência de essencialidade e a ausência da individualidade de alma individual (*nihsvabhāvatā, anātmata*). A fim de realizar as concentrações mundana e transcendental, a pessoa deveria primeiro desenvolver a calma e o discernimento (*samatha-vipashyanā*). Apesar de a pessoa, em um primeiro momento, parecer desenvolver esses aspectos do *samādhi* separadamente, por fim ela terá de desenvolver a serenidade na qual ambos se encontram unidos[59]. O aspecto de serenidade que pacifica a inconstância da mente é denominado "calma", ao passo que a sabedoria que penetra nas três marcas (da existência) – impermanência, insatisfação e ausência de alma individual – é denominada "discernimento" (*vipasyanā*, literalmente: discernimento profundo).

Na ordem de desenvolvimento relativa a esses dois aspectos da serenidade na mente encontramos, em primeiro lugar, a calma (*samatha*) e, então, o discernimento (*vipasyanā*) ou, como podem ser também denominados, desenvolvimento mental (*bhavānā*), sendo que este inclui exame completo. Quando a mente estiver bem estabelecida na calma, torna-se possível o desenvolvimento que inclui o exame que, por sua vez, produz o discernimento. *Samatha* é o lago tranquilo e sereno onde os peixes (a faculdade do discernimento profundo) movem-se, no exame. Isto é assim pois a mente estará então vigorosamente fixa em seu objeto e não poderá ser perturbada com facilidade[60]. Tal estado é muito importante, e o *karma* hábil, produzido durante a permanência nele, é muito potente e gerador de grandes frutos.

Existem cinco obstáculos[61] a este desenvolvimento da calma. Constituem fontes de distúrbio e opõem-se à tranquilidade. São eles: 1. Indolência mental (*kausīdya*), que desencoraja a mente e interessar-se pela prática da serenidade. É antagonizada pelo fator mental chamado "determinação" (*chanda*). 2. Falta de atenção (*musitasmrtiā*) na obtenção da serenidade, pois se existe o desejo de vivenciá-la, é preciso que haja atenção constante, assegurando que a mente se estabeleça com firmeza em seu objeto. Através de falta de atenção o objeto da serenidade desaparece de mente. Este fator, portanto, faz oposição à atenção (*samyak-smrti*) perfeita (ou correta). 3. A seguir há imersão e dispersão da mente (*nirmagnatā-auddhatya*). A "imersão" significa que a mente torna-se submersa no objeto, sem consciência. Tal estado bloqueia a continuidade do progresso. Durante a meditação é preciso estar atento ao objeto, sem no entanto permitir que a mente venha a mergulhar nele. A "dispersão" é um tipo de inconstância mental. Devido a ela, a mente não pode permanecer fixa naquilo que procura concentrar-se.

Este par de obstáculos é antagonizado pela compreensão clara. 4. A associação com o par de obstáculos (*samskārāsevanā*), acima descrito, em si representa um obstáculo à serenidade. Nesse caso, a pessoa sabe que a mente é dominada por imersão e dispersão e, ainda assim, não faz um esforço para desenvolver aqueles fatores que as neutralizam e que são capazes de curar a mente. 5. Às vezes ocorre que, tendo feito este esforço e tendo produzido os fatores neutralizantes, a pessoa continua a praticá-los em um momento no qual não são necessários (dissociação – *samskārāsevanā*). Essa é uma forma de prática insipiente e demonstra que a mente não está de todo cônscia ou centralizada com relação ao seu objeto.

É impossível alcançar a perfeição da serenidade a menos que se descartem estes cinco fatores contrários. A fim de treinar a mente para evitá-los, existem oito *Dharmas* que os neutralizam. Apresentam-se da seguinte maneira:

1. Confiança (*shraddhā*)	opõe-se à indolência mental
2. Determinação (*chanda*)	opõe-se à indolência mental
3. Perseverança (*vīrya*)	opõe-se à indolência mental
4. Tranquilidade (*prashrabdhi*)	opõe-se à indolência mental
5. Atenção (*smrti*)	opõe-se à falta de atenção
6. Compreensão (*samprajanya*)	opõe-se à imersão e dispersão
7. Investigação (*samskaracintana*)	opõe-se à associação com os obstáculos acima
8. Equanimidade (*adhivasana*)	opõe-se à não associação.

A calma deveria ser desenvolvida pelo crescimento destas oito qualidades. Agora passaremos à análise dos nove estados da mente, os cinco poderes e as quatro atividades mentais. Veremos também como, por meio deles, a serenidade é alcançada.

Os Nove Estados da Mente

1. *Cittasthāpana*: é o estado em que a mente, pela primeira vez, deixa de ser afetada por objetos externos e fixa-se no objeto de meditação.
2. *Cittapravāhasamsthāpa*: é o estabelecimento da corrente da mente, significando que ela permanece por algum tempo fixa no objeto. A mente se obriga a considerar repetidas vezes o objeto no qual se concentra.
3. *Cittapratiharana*: é o estado em que, sendo a mente perturbada, a pessoa a "traz de volta" ao objeto no qual está concentrada.
4. *Cittopasthāpana*: a mente é expandida enquanto permanece exatamente limitada ao objeto.
5. *Cittadamana*: "submissão da mente", obtida pela visão dos maus resultados provenientes das distorções e dos pensamentos que causam distração, percebendo também as vantagens da serenidade, de modo que se fazem esforços para descartar os primeiros enquanto se estabelece a mente na última.
6. *Cittashamana*: "tranquilização da mente", onde são subjugados sentimentos antagônicos à prática da serenidade. Se surgir o fastio com relação à serenidade, uma vez que a mente ainda está faminta por objetos sensuais, nesta etapa tal sentimento será integralmente pacificado.
7. *Cittavyupashamana*: ou a sutil pacificação da mente. Mesmo as manchas mentais sutis são aqui descartadas.
8. *Cittaikotikarana*: a mente toma a forma de uma única corrente imperturbada e permanece fluindo unidirecionalmente.

9. *Samādhāna*: quando se atinge esse estado não há necessidade de esforço, pois a mente mantém-se de modo natural na unidirecionalidade.

Os Seis Poderes

1. *Shrutibala*: ouvir um Instrutor ou ainda ler livros sobre o método de como fixar a mente, tal é o significado desse primeiro poder.
2. *Āsayabala*: através de poder do pensamento repetido a pessoa estabelece a mente no caminho de serenidade.
3. *Smrtibala*: se a mente se tornar distraída por algum outro objeto, é por meio desse poder de atenção que ela é recolocada no objeto de meditação, restabelecendo-se dentro dos limites do mesmo.
4. *Samprajanyabala*: por meio deste poder de compreensão clara chega-se a conhecer os maus resultados das manchas mentais e os frutos benéficos derivados da serenidade, fazendo assim com que a pessoa se deleite nesta última.
5. *Vīryabala*: este tipo de energia hábil assegura que e mente não seja influenciada pelas manchas.
6. *Paricāyabala*: a familiaridade natural e total da mente com serenidade. Por meio deste poder, não se faz mais necessária a aplicação forçada de atenção.

As Quatro Atividades Mentais

1. *Manonivesapravartak-manaskāra*: por meio desta atividade a mente entra no objeto.
2. *Vicchinnapravartak-manaskāra*: embora a mente possa no início permanecer concentrada por algum tempo, distrações ocasionais surgirão, provenien-

tes dos obstáculos de imersão, dispersão e outros. Esta atividade faz com que a mente retorne ao seu objeto.

3. *Avicchinnapravartak-manaskāra*: através desta atividade a mente fixa-se no objeto por um longo período, não dando oportunidade, assim, às distrações.

4. *Āyatanapravartak-manaskāra:* uma vez descartados todos os impedimentos à serenidade, é através desta atividade que a mente é, sem esforço algum, mantida em seu objeto.

O Sucessivo Atingimento da Serenidade

Delineados os vários fatores envolvidos no acesso à serenidade, o assunto desenvolvido agora será o progresso através dos nove estados da mente, os impedimentos que são ali encontrados e como os vários poderes e atividades mentais lhes põem término.

Como foi dito acima, o primeiro poder consiste em ouvir o ensinamento e em fazer a mente aprender sobre os objetos nos quais se concentra. Aqueles que ouviram este tipo de ensinamento, e que desejam vivenciar a serenidade, não permitem que suas mentes se percam nos objetos exteriores. Quando a mente começa estabelecer-se neste objeto, ocorre a primeiro estado da mente. Embora ela comece a fixar-se no objeto, falha em permanecer concentrada no mesmo objeto por um longo período. Os pensamentos fluem como as águas em uma cachoeira e, de fato, é como se ocorresse uma verdadeira inundação de pensamentos. A verdade é que a mente sempre se encontrou nesse estado, mas antes a pessoa não tinha, em momento algum, consciência de tal fato; ela nunca antes havia voltado o olhar para o seu interior. Agora que a mente está voltada para o interior, dadas as práticas da atenção e da compreensão clara, tais pensamentos se tornam conhecidos. Assim como em meio a uma grande e confusa multidão a pessoa desatenta poderá não estar consciente do povo que ali se encontra, a menos que examine com cuidado para ver os diferentes tipos de pessoas e o seu grande número, assim também a mente começa a conhecer a variedade e a extensão dos pensamentos que contém. Isto não deveria ser encarado como uma falha relativa à prática, e sim como uma experiência bastante natural para alguém que está começando a concentrar-se.

Durante a experiência do primeiro estado da mente, é por meio do segundo poder que a mente é, repetidas vezes, fixada no objeto. Através deste poder ela se torna assim controlada por algum tempo, e então, atinge o segundo estado da mente. Aqui, os pensamentos em algumas ocasiões surgem e perturbam a mente, esvanecendo-se em seguida. É neste momento que aquele que medita obtém pela primeira vez a interrupção dos pensamentos. Neste estágio é comum que se encontrem duas falhas: imersão e dispersão. No caso de imersão, a mente mergulha com suavidade para dentro do objeto, e o resultado é uma espécie de sono. Quando ocorre a dispersão, a mente parte e procura por outros objetos. O resultado é a perda de poder e força para a própria serenidade. Neste caso, dever-se-ia fixar a mente no objeto sem quaisquer oscilações: isto é conhecido como a primeira atividade mental.

Contudo, se após a mente ter sido seriamente ligada ao objeto de concentração, ela continuar a ser perturbada por outros objetos, então ela deverá ser reconduzida a ele através do terceiro poder (de atenção). Alcançar-se-á assim o terceiro estado de mente.

Como foi dito acima, sempre que e mente não for enérgica, tornando-se desencorajada pelas falhas de imersão e outras, então ela é ordenada a retornar ao objeto de concentração pelo terceiro poder. De modo semelhante, este poder de atenção é necessário para limitar a mente, quando expandida, a fim de que ela não se perca com outros objetos. Este é o quarto estado da mente.

Durante a prática da concentração, pensamentos e manchas, vez por outra reaparecem, e isto ocorre pois aquele que medita não conhece os resultados inábeis e perturbadores que deles se originam, tampouco compreende ele os frutos corretos da serenidade. Quando a pessoa, por meio do quarto poder (compreensão clara), observa essas falhas e vem a conhecê-las, então elas podem ser tratadas de forma adequada. Isto significa que cessam as manchas já surgidas, permanecendo a mente bem fixada no objeto. Quando isto ocorre, recebe o nome de quinto estado da mente.

De tempos em tempos, a mente torna-se passível de experimentar insatisfação durante a concentração, de forma que do sentimento de fastio origina-se a experiência da dispersão. Por meio do poder de compreensão clara os maus frutos deste estado dispersivo são conhecidos, não permitindo assim que a mente sustente o aborrecimento. Este é denominado o sexto estado da mente.

No que tange à prática, embora falhas e manchas tenham sido suprimidas através da reflexão sobre seus resultados insatisfatórios no futuro, isto não significará que aquelas não ressurgirão. Assim, aquele que medita deve estar sempre atento. Sempre que tais manchas se tornam manifestas na mente, o real valor de consciência pode ser vista para a mancha que for, seja ganância, luxúria, dispersão e assim por diante, e se ela surgir em uma forma sutil ou grosseira, poderá ser terminada com esta consciência, mantida por meio de seriedade e esforço. Este é o sétimo estado da mente.

Apesar de a mente ter estado concentrada em maior ou menor medida, mesmo quando estiver bem fixada no objeto, manchas tais como imersão e dispersão, etc. causarão distração ocasional. Isto, no entanto, talvez só venha a ocorrer após longos intervalos. Quebra-se assim a própria serenidade, e, em tal momento, ela é recobrada através da segunda atividade mental. Esta atividade tem sua aplicação em todos os estados da mente que estejam entre o terceiro e o sétimo.

Se aquele que medita desenvolve tanto o terceiro quanto o quarto poder, para neutralizar a dispersão, e o quinto poder, para se opor à imersão, então, estas duas manchas não mais surgirão enquanto impedimentos à serenidade. Como resultado, a prática de pessoa prossegue igual a uma corrente ininterrupta, sendo este o oitavo estado da mente.

Se durante a vivência desse estado a pessoa fizer um esforço cuidadoso e persistente, essas duas manchas não terão o poder de violar a serenidade, permanecendo esta continuada e inabalada. Neste estado encontra-se a terceira atividade mental.

É através do desenvolvimento contínuo e persistente da serenidade que se chega ao sexto poder, onde o objeto se torna muito claro. Aqui, a mente concentra-se sem qualquer esforço no objeto, não necessitando o apoio da atenção nem da compreensão clara. Atingiu-se então o nono estado da mente. Da mesma forma como um homem, que tenha aprendido bem as escrituras, pode, ao entoá-las, divagar sem que se coloquem impedimentos ao seu canto, assim também a mente já bem estabelecida em seu objeto permanece agora fixa ali, sem qualquer esforço ou bloqueio. A corrente da serenidade é agora capaz de fluir por um longo período sem que o praticante faça qualquer esforço. Esta é a quarta atividade mental. O nono estado da mente é também denominado "serenidade de acesso" (*upacāra-samādhi*).

Resumo Diagramático do Progresso Através dos Nove Estados:

1º Poder	⟶	1º Estado		
2º Poder	⟶	2º Estado	⟷	1ª Atividade Mental

3º Poder	⟶	3º Estado	⟷	2ª Atividade Mental
4º Poder	⟶	4º Estado	⟷	2ª Atividade Mental
5º Poder	⟶	5º Estado	⟷	2ª Atividade Mental
6º Poder	⟶	6º Estado	⟷	2ª Atividade Mental
7º Poder	⟶	7º Estado	⟷	2ª Atividade Mental
3º, 4º, 5º Poderes	⟶	8º Estado	⟷	3ª Atividade Mental
6º Poder	⟶	9º Estado	⟷	4ª Atividade Mental

A calma é encontrada até mesmo na mente de pessoa que medita e que está no início de sua prática para a realização da serenidade. Na medida em que se fortalece a calma, há um decréscimo na rigidez da mente e do corpo. Esta rigidez, embotamento ou não maleabilidade da mente, está associada com o peso e com a inatividade mental, ambos aspectos daquela causa-raiz de manchas mentais, a ilusão (*moha*). Quando dizemos que a calma se opõe à rigidez, significa que esta calma ou *samatha* é acompanhada pela leveza tanto de mente quanto do corpo[63]. Em uma mente calma surge a alegria (*prīti*), e por esta razão a mente fixa-se no objeto de meditação. A calma de mente também é responsável por um corpo tranquilo e desprovido de tensões, sendo esta paz física de muito auxílio àquele que medita.

Na medida em que se progride na serenidade, essa alegria tende a decrescer ao ser substituída pela equanimidade (*upeksā*). Em vista disto, a mente é fixada no objeto com maior estabilidade, uma experiência conhecida como *samādhi-upacāra-acala-prashrabdhi* (literalmente: a inabalada tranquilidade de acesso à serenidade), com a qual a pessoa entra em um estado muito próximo ao da primeira absorção (*dhyāna*) [elevação da consciência através da meditação; - N.E].

Trabalho Artístico – Monges e Dalhousie, Índia

Monges em oração – Thekchen Choling, Dharmsala, Índia

Dando continuidade à própria prática nesses termos, a pessoa de fato alcança a primeira absorção. Já foi dito que há três grandes níveis, às vezes denominados elementos terrenos (*dhātu*), mas estes ainda podem ser subdivididos para perfazer um total de nove níveis.

1. nível da existência sensual (*kāma-bhūmi*)
2. nível de primeiro absorção (*prathama-dhyāna-bhūmi*)
3. nível da segunda absorção (*dvitīya-dhyāna-bhūmi*)
4. nível de terceira absorção (*tritīya-dhyāna-bhūmi*)
5. nível de quarta absorção (*caturtha-dhyāna-bhūmi*)
6. nível da esfera de espaço infinito (*ākāshānantyāyatana-bhūmi*)
7. nível da esfera de consciência infinita (*vijñānānantyāy-atana-bhūmi*)
8. nível da esfera de inexistência de coisas (*ākiñcanyāy-atana-bhūmi*)
9. nível da esfera de ausência de percepção e de não percepção (*naivasamjñā-nāsamjñāyatana-bhūmi*) – também denominado o ápice do vir a ser (*bhavāgra*)

Estes níveis sucessivos são atingidos ao não se nutrir qualquer apego por eles e ao se perceberem as vantagens dos níveis além daqueles já atingidos, juntamente com as desvantagens dos já alcançados.

Tais consecuções da absorção (*dhyāna-samāpatti*), ou seja, os oito últimos níveis entre os nove descritos, são fatores causais, pois é através de sua realização que a pessoa pode renascer em meio aos celestiais da forma e da não forma (de acordo com o tipo de absorção obtida).

O Método para a Realização das Absorções

Conforme o observado acima, a realização terrena das absorções pode ser de dois tipos, relativa à forma e à não forma. Ambos os tipos possuem quatro níveis.

Cada uma dessas absorções possui dois estágios: o de acesso e o da realização. Agora indicarei o método para seu atingimento.

Primeira absorção. No estágio de acesso à primeira absorção, há seis atividades mentais:

1. "experimentando características" (*laksanapratisamvedi-manaskāra*)
2. "conduzindo à Libertação" (*ādhimoksīka-manaskāra*)
3. "próximo ao isolamento – do desejo" (*prāviveja-manaskāra*)
4. "o que intensifica a alegria" (*ratisamgrāhaka-manaskāra*)
5. "o que examina" (*mimāmsaka-manaskāra*)
6. "realizado na aplicação" (*prayogajñistha-manaskāra*)

Ora, que aplicação possuem tais atividades? Com a primeira aplicação por meio dos dois tipos de sabedoria – de ouvir (aprendizado) e de pensar (reflexo) – veem-se as desvantagens dos acessos à absorção no nível do desejo (*kāma-bhūmi*) e as vantagens da primera absorção. A atividade de vivenciar estas características é grosseira por meio da concepção do pensamento (*vitarka*) e sutil através do exame do pensamento (*vicāra*).

Quando a primeira atividade ocorre pela prática transformada em sabedoria do desenvolvimento (*bhāvanā -maya-prajñā*, que é o discernimento ou *vipasyanā* dos níveis inferiores), ela é conhecida como a segunda atividade mental "conduzindo à libertação".

Dever-se-ia observar que no *continuum* mental dos seres existem manchas (*mala*) tanto grosseiras quanto sutis. Dentre estas, apenas as de caráter grosseiro podem ser destruídas pelas absorções, ao passo que as sutis só podem ser desfeitas pela total sabedoria do desenvolvimento adquirida no momento em que se conhecem as Sendas Nobres[64] pertinentes ao supermundano (*lokottara*); porém, os nove níveis acima apontados são todos mundanos (concernentes ao mundo no sentido de estarem dentro da roda de nascimentos e mortes). Através da realização apenas destes últimos, as manchas grosseiras do nível inferior são destruídas (permitindo, assim, o avanço daquele que medita). Ora, no estado que dá acesso à primeira absorção são destruídas as manchas grosseiras do nível do desejo. Quando, pelo poder da sabedoria do desenvolvimento, se obtém êxito na destruição das manchas grosseiras do nível do desejo[65], isto recebe o nome de terceira atividade mental "próxima ao isolamento" do desejo.

Quando, pela prática desta atividade mental, a pessoa consegue destruir as manchas intermediárias do nível do desejo, isto é denominado a quarta atividade mental, conhecida como "a que intensifica a alegria".

No momento em que tanto as manchas fortes quanto as médias tiverem sido destruídas, será então necessário trazer à mente as manchas sutis, pois estas, se comparadas às outras, são muito difíceis de perceber. Por esta razão, a quinta atividade mental é essencial enquanto "examinadora", verificando a presença ou não destas manchas sutis.

Tendo chegado a ver as manchas sutis por meio da quinta atividade, a pessoa sabe que o *continuum* mental ainda esta maculado, sentindo, portanto, a necessidade de destruí-las. É a sexta atividade mental, denominada "realização na aplicação", que neutraliza tais manchas sutis.

Como resultado da realização destas atividades mentais, há a experiência do fruto da realização – a primeira absorção. É característico a todas essas atividades mentais o percebimento do caráter grosseiro do estágio inferior, bem como de todas as suas falhas, ao passo que percebe o estágio superior como calmo e destituído de defeitos. Tal método de consideração auxilia a pessoa em seu curso pelas sendas mundana e supermundana (ou transcendental).

Existem cinco fatores que compõem a primeira absorção: concepção do pensamento, exame do pensamento, alegria, bem-aventurança e unidirecionalidade (*vitarka, vicāra, prīti, sukha, ekāgratā*). Destes cinco, os dois primeiros opõem-se às manchas mentais: a alegria e a bem-aventurança resultam da prática, e a unidirecionalidade da mente é considerada a base para os outros quatro fatores. Se a concepção do pensamento e o exame do pensamento forem encontrados na primeira absorção, esta terá sido "realizada", mas se a primeira estiver ausente, então a absorção terá sido "especialmente realizada" [66].

Segunda Absorção. Nos estados de acesso a cada absorção são encontradas todas as seis atividades mentais. Em tal caso, é por meio delas que se percebem as falhas da primeira absorção bem como a paz do estado subsequente. O cumprimento da etapa da segunda absorção tem quatro fatores: pureza interior, alegria resultante da serenidade, bem-aventurança e unidirecionalidade. Destes quatro, o primeiro faz oposição às manchas mentais, enquanto a alegria e a bem-aventurança são o resultado da prática, e a unidirecionalidade lhes serve de base. A "pureza interior" é o nome coletivo para atenção, tranquilidade e equanimidade, uma vez que suas manchas mentais[67] foram destruídas.

Terceira Absorção. Como no caso anterior, as seis atividades mentais também são encontradas neste estágio de acesso. Possibilitam o percebimento das falhas da segunda absorção e as vantagens do desenvolvimento subsequente no sentido de cumprimento da terceira). Afastada a segunda absorção, a pessoa alcança o estado de cumprimento da terceira, a qual possui cinco fatores: atenção, compreensão clara, equanimidade, bem-aventurança desprovida de alegria e unidirecionalidade. Destes cinco, os primeiros três neutralizam as manchas mentais ao passo que o quarto constitui um resultante e o quinto, como acima, forma a base[68].

Quarta Absorção. O estado de acesso, com as cinco atividades mentais, é o mesmo que acima. Vendo as desvantagens da terceira absorção e o benefício da quarta, através do afastamento daquela e do esforço para alcançar esta, a pessoa chega a cumprir sua realização. É composta por quatro fatores: pureza de atenção, pureza de equanimidade, sentimento equânime e unidirecionalidade. Neste caso, os dois primeiros opõem-se às manchas, o terceiro é o resultado da prática e o quarto constitui a base[69].

A atenção que se encontra na quarta absorção distingue-se sobretudo por ser considerada "purificada", pois está livre das oito falhas presentes nas absorções. São elas: concepção do pensamento, exame do pensamento, bem-aventurança, insatisfação, prazer mental, dor mental, inalação e exalação. De fato, podem apresentar-se como espinhos para a realização da serenidade. Dentre elas, as duas primeiras são falhas da primeira absorção e comparam-se a chamas. A felicidade sensual, originária das cinco bases, é uma falha da segunda absorção. O prazer e a dor mentais que surgem através de sexta base (mente) são falhas na terceira absorção, mas, quando a quarta for realizada com perfeição, estará livre de todos estes defeitos.

Os Frutos da Realização das Absorções

Dependendo do desenvolvimento das absorções cumpridas, elas poderão ser denominadas fracas, médias ou fortes, sendo que o nascimento ocorre em conformidade com estas classificações, e as três forças de cada absorção correspondem a três subníveis dentro de cada plano do nível da forma[70].

A forma imperceptível sutil (*avijñapti-rūpa*, ver a seção sobre os cinco agregados), acumulada pela prática das absorções, é denominada o fruto amadurecido (*vipāka-pala*) do respectivo estágio alcançado.

Quando o objetivo alcançado é a mente concentrada, o resultado natural é o fruto que "flui a partir" da própria prática (*nisyanda-phala*). Materialidades, requisitos ou conforto ganhos como resultado da prática (da estima pelos outros) são os frutos denominados "extraobtidos" (*adhipati-phala*).

Quatro Realizações da Não Forma (*arūpi-samāpatti*)

Após ter atingido a quarta absorção, a pessoa distancia-se completamente dos *dharmas* táteis, visuais e físicos, mesmo os mais sutis, e desenvolve o seguinte pensamento: "Todos os *dharmas* são como o espaço infinito". Dever-se-ia fixar a mente neste ponto e desenvolvê-lo. No decurso do desenvolvimento, a pessoa terá atingido a Esfera do Espaço Infinito. Tendo cumprido isto, dever-se-ia ir adiante e desenvolver o pensamento: "A consciência é como o espaço infinito". Após algum tempo, atingir-se-á a Esfera da Consciência Infinita. Tendo alcançado estas duas realizações, e percebendo que possui objetos e que está concentrada em objetos, seria desenvolvido o pensamento: "Nada está para ser apreendido", cumprindo-se assim a Esfera de Inexistência das Coisas. Por fim, tendo chegado a perceber que estas três esferas possuem objetos, ainda que sutis, dever-se-ia prosseguir no desenvolvimento e pensar da seguinte maneira: "Enquanto não há percepção grosseira, não há ausência de percepção sutil", cumprindo assim a esfera da ausência de percepção e de não percepção. Esta última realização é denominada o Ápice do Vir a Ser.

Em toda a extensão deste elemento da não forma, o agregado da forma é completamente extinto e apenas os quatro agregados mentais (*nāma-skandha*) são encontrados. Embora os subníveis presentes neste elemento da forma estejam ausentes nos reinos da não forma, mesmo aqui os seres nascem para vidas longas ou curtas, de maior ou menor brilho, conforme o poder de serenidade desenvolvido. Após ter nascido no reino de não forma, se a pessoa continuar a praticar a serenidade com diligência (para a realização daquelas esferas ainda não atingidas), expandindo assim o poder de mesma, isto poderá resultar nos frutos especiais de estabelecer-se por uma vida extremamente longa no reino da não forma.

Virtudes e Conhecimentos Especiais

A obtenção das absorções costuma ser difícil, porém é de grande importância, visto que através de sua realização a pessoa se torna dotada de virtudes e conhecimentos especiais. Tanto os budistas quanto os não praticantes do *Buddhadharma* podem chegar a isto, mas enquanto estes poderão encarar o fato como um fim em si mesmo (como bênçãos divinas, união com Deus, milagres etc.), aqueles entendem que se trata apenas de um tema para alcançar as "Sendas" e os Frutos", os quais serão explicados mais tarde e os quais são vivenciados após o exercício de sabedoria (*Prajñā*). Uma vez que essas várias realizações são precursoras das "Sendas" e dos "Frutos", as pessoas inseridas no ensinamento do Conquistador deveriam ser educadas segundo as suas prática e realização.

Pela prática dos quatro estados realizados das absorções da forma (*rūpa-dhyāna*) logram-se os quatro conhecimentos ilimitados (*apramāna*) e os cinco superconhecimentos (*abhijñā*). Em primeiro lugar, os quatro ilimitados são o sentimento de amizade, a compaixão, a alegria com os outros e a equanimidade (*maitrī, karunā, muditā, upeksā*). São considerados sem "limites", pois seu objeto mental é "todos os seres". O sentimento de amizade significa que se desenvolve este sentimento por todos os seres, neutralizando os sentimentos de ódio. A compaixão é desenvolvida diante dos sofrimentos alheios de forma que se deseja compartilhar dos seus problemas e auxiliá-los. Isto antagoniza a atitude de fria indiferença. A alegria com os outros é o sentimento de felicidade vivenciado quando a pessoa vê a felicidade alheia, seja ela relativa a ganhos materiais ou estados mentais, sobrepujando assim a inveja. A equanimidade é necessária nas situações onde não se pode operar qualquer mudança e nas quais dever-se-ia, portanto, permanecer à parte. Seu desenvolvimento conduz ao desapego tanto pelo deleite na aflição de um inimigo vencido quanto pela tristeza proveniente do sofrimento de amigos ou parentes.

Os superconhecimentos (*abhijñā*) são os vários poderes terrenos presentes naquele que praticou as quatro absorções de forma. São cinco, como segue:

1. *divyacaksu*, o olho divino através do qual a pessoa é capaz de ver formas, mesmo sutis, que estejam tanto próximas quanto distantes.
2. *divyashrota*, o ouvido divino através do qual sons, ainda que debilmente produzidos podem ser escutados a distância.

3. *paracittajñāna*, o conhecimento da mente alheia, de posse do qual a pessoa é capaz de saber o que esta se passando na mente dos outros.

4. *pūrvanivāsānusmrti*,"a recordação de moradas passadas", ou seja, o conhecimento de vidas passadas tanto na própria continuidade da pessoa quanto na de outros, lembrando detalhes tais como local de nascimento, nome, *status* da família e muitos outros aspectos.

5. *cyutyupapattijñāna*, conhecimento do momento da morte do renascimento de seres que surgem em seus diversos destinos de acordo com seu *karma*.

Estes conhecimentos pertencem ao reino da forma e não podem originar-se no reino da não forma. Contudo, o último possui suas próprias características, incluindo a realização da não percepção (*asamjñā-samāpatti*) e a experiência de cessação (*nirodha samāpatti*). O primeiro é baseado na realização da quarta absorção, e é um estado no qual todas as formas de percepção grosseiras cessam de existir. Assim, com a Ápice do Vir a Ser como fundamento, é possível entrar na realização da cessação quando a corrente de mente e dos *dharmas* mentais (*citta, caitta-dharma*) puder ser integralmente interrompida por um período de tempo predeterminado.

É dever daqueles que com seriedade praticam os ensinamentos dos Três Veículos que venham a cumprir os estados de serenidade, tornando-se assim dotados das virtudes a ela pertinentes, e que, na prática continuada, desenvolvam os conhecimentos ilimitados, os superconhecimentos e as realizações.

Assim termina a descrição do Treinamento na Serenidade Suprema.

III. O Treinamento na Sabedoria Suprema (*Adhiprajñāshiksā*)

Este é o último dos três treinamentos. A sabedoria (*Prajñā*) significa aquele tipo de conhecimento especial através do qual examina-se o *karma* hábil e inábil. Ela é fortalecida pela prática do desenvolvimento da mente (*bhavanā*). Quando completo, esse treinamento é conhecido como a Perfeição da Sabedoria. Podemos distinguir três tipos de sabedoria:

1. *Paramarthaparicchedaka-Prajñā* (a sabedoria ao analisar o supermundano ou Absoluto). Por meio deste tipo de sabedoria a pessoa possui o conhecimento, indireto em um primeiro momento, da inexistência da alma individual (*anātman*); ao completá-lo, a pessoa entende *anātman* através de sua experiência direta.

2. *Samvrttaparicchedaka-Prajñā* (a sabedoria ao analisar o que é relativo). Por meio desta sabedoria são explicados os cinco ramos de conhecimento, quais sejam: *shabda-vidyā,* o estudo da linguagem; *hetu-vidyā,* o estudo da lógica: *adhyatmika-vidyā,* estudo de religião, *cikitsa-vidyā,* o estudo da medicina e *slipa-vidyā,* o estudo das artes e dos ofícios.

3. *Sattvarthaparicchedaka-Prajñā* (a sabedoria ao analisar as vantagens dos seres). Através dela, a pessoa compreende a vantagem de todos os seres, tanto deste mundo quanto de outros reinos. Esse tipo de sabedoria torna conhecidos os *dharmas* que são "belos-a-praticar" (*kalyānakāraka*) e permite que sejam cumpridos de um modo condizente.

Destes três tipos de sabedoria, o primeiro é considerado supremo. Portanto, a pessoa precisaria realizar esforços especiais para alcançar sua perfeição. O ensinamento da inexistência de alma individual (*anātman*) é, de fato, sempre encontrado no pensamento e na prática budista e, embora haja uma série de métodos que explicam, todos eles conduzem à Perfeição da Sabedoria. Esta sabedoria suprema é aquela que reconhece a "ausência da natureza do eu" (*nihsvabhāvatā*) como a Verdade Absoluta. Os Instrutores da escola Madhyamika Prasangika realizaram grandes esforços para fornecer uma clara explicação deste ensinamento relativo a *anātman*. A explanação seguinte estará, portanto, de acordo com a exposição daqueles Instrutores.

Penso fazer bem em mais uma vez salientar que o ensinamento sobre a ausência de alma individual é mantido por todas as escolas do pensamento budista, pois todas elas reconhecem a visão relativa de *ātman*, isto é, a manutenção da crença em alguma entidade-alma permanente, como a raiz para todos os problemas. Supor que os objetos existem de modo independente, possuindo uma "natureza individual", constitui a visão de *ātman* e esta, por sua vez, representa ignorância. É por manterem esta visão que os seres continuam vagueando nos reinos de nascimento e morte. A visão de *ātman* constitui, portanto, a raiz de *samsāra* ou vaguear contínuo. Contudo, para aquele que estiver liberto, como é o caso de um *Arhat*, esta visão de *ātman* é destruída (pois ele penetrou a verdade do não *ātman*). Só é possível erradicar essa raiz de ignorância através do discernimento (*vipasyanā*) denominado conhecimento do não *ātman* (*nairātmya-jñana*), e tão somente através dele. Torna-se assim essencial que a pessoa desenvolva o aspecto de discernimento mais elevado a fim de ver, por si mesma, a ausência de *ātman* individual.

A ausência de *ātman* (ou inexistência de alma individual) possui dois aspectos: a ausência de *ātman* da pessoa (*pudgala-nairātmya*) e a ausência de *ātman* das ocorrências mentais (*dharma-nairātmya*). Ambas são explicadas através do emprego do termo "ausência de natureza própria" (*nihsvabhāva*), significando que tanto as pessoas quanto os eventos (situações) nos quais eles podem ser analisados são igualmente desprovidos de natureza própria ou substância. Ora, se chegarmos primeiro a compreender bem a ausência de *ātman* das pessoas, será mais fácil entender a ausência de *ātman* dos eventos.

Existem muitos métodos explicativos para que se estabeleça um entendimento racional da ausência de *ātman* da pessoa, sendo o mais importante entre eles denominado "a separação das visões de unidade e não unidade" (*ekāneka-viyuktatva*). Procederemos à sua explicação sob quatro padrões, cujos nomes em sânscrito são 1. *nisedhya-viniscaya-marma*: 2. *vyāpti-viniscaya-marma*; 3. *ekat-vaviyukta-viniscaya-marma*; e 4. *anekatva-viyukta-viniscaya-marma*.

O primeiro é explicado da seguinte maneira. O objeto a ser negado do "eu" ou conceito de alma. Mas é impossível negar isto a menos que tenhamos o conhecimento de como a alma individual é concebida através da visão de *ātman*. Seria necessário dizer aqui que *ātman* deve ser negado em ambas as suas formas, sútil e grosseira. Se for negada apenas a forma grosseira de conceito de *ātman*, os aspectos sutis permanecerão intactos. Ora, a visão de *ātman*, através da qual se concebe uma entidade autoexistente e independente denominada "*ātman*" ou alma individual, tende ao eterno, o que significa adotar uma visão extremista, que é a crença no eterno (*sāsvata-drsti*). Por outro lado, é preciso ser muito cuidadoso, pois se forem negados todos os objetos sensuais, percebidos através das seis bases de sentido, aniquilar-se-á a verdade convencional ou reletiva (de que há uma pessoa experimentando a continuidade de seu dia a dia etc.). Se esta última for perseguida com consistência, o indivíduo estará propenso a sustentar o extremo oposto, que é a visão do niilismo (não existência – *utcheda-drsti*).

Dever-se-iam evitar ambos os extremos acima expostos, e para fazê-lo é necessário examinar a visão de *ātman*, a concepção de uma entidade independente. Esta perspectiva é de dois tipos: conceituada (*parikalpita*) e inata (*sahaja*). A apreensão de um *ātman* fundamentado nas várias espécies de sistemas filosóficos, idealizados pelos que creem na alma, recebe o nome de visão de *ātman* conceituada. Ela se limita àqueles seres que acreditam em tais sistemas de pensamento específicos e, portanto, não é encontrada em todos os seres. Todavia, a apreensão ou aceitação de um "eu sou" na forma natural, sem recorrer a conceitos filosóficos, recebe o nome de visão de *ātman* inata, sendo encontrada em todos os seres. Se procedermos a um exame detalhado, descobriremos que esta perspectiva de *ātman* apreende o "eu" enquanto uma entidade independente, como se existisse fora da dependência dos cinco agregados. Quando examinadas, todas estas visões provar-se-ão fundamentadas nos cinco agregados ou em um deles. Daí entende-se que a apreensão de um *ātman* é feita em termos de um destes cinco agregados[71]. A clara compreensão deste fato é denominada "reconhecimento dos objetos a serem negados" (*nisedhya-viniscaya-marma*).

O segundo ponto a considerar aqui é a existência de *ātman* quando considerado como sendo independente. Neste caso surge a questão de estar ou não ele à parte dos cinco *skandhas* (não ser diferente) deles. Porém, nada há que esteja à parte dos mesmos. Assim, esta questão é irrelevante[72], pois a "seidade" não pode nem estar à parte dos cinco agregados nem não estar à parte deles. O entendimento deste ponto é denominado "reconhecimento do que é uniforme" (*vyāpti-vinishcaya-marma*).

Em terceiro lugar, dever-se-ia levar em conta que se a alma individual (*ātman*) os cinco agregados são da mesma natureza (não importando que pareçam diferentes à mente não desenvolvida), então serão uma e a mesma coisa. Por que isto é assim? Porque se fossem realmente da mesma natureza, então esta suposta natureza real (de não diferença) e esta natureza aparente (percebida pela mente não desenvolvida) poderiam apenas afigurar-se diferentes no campo da verdade relativa e não poderiam ser de modo algum diferentes na Verdade Absoluta. Isto significa que onde se presume uniformidade de mesma natureza não pode haver diferença entre verdade relativa e Verdade Absoluta. É por esta razão que dissemos que se *ātman* e os cinco agregados são da mesma natureza, então não serão diferentes.

Se chegarmos a aceitar essas duas verdades como não diferentes, diversas falácias serão cometidas: 1. se forem não diferentes, então em um ser haveria tantos "eus" quanto há agregados. (Um ser humano de posse de todos os cinco agregados possuiria então cinco *ātmans*.) 2. Mais uma vez, se um homem tivesse apenas um *ātman*, só poderia existir um único agregado. 3. Ou ainda, se os agregados têm todos a mesma natureza de surgir e então desaparecer, *ātman* (ou alma individual) também estaria submetido ao surgimento e ao desaparecimento. Assim, por meio de vários testes dialéticos, torna-se claro que *ātman* e os cinco agregados não podem ser a mesma unidade autoexistente. Isto significa possuir conhecimento completo do débil ponto que separa a (visão da) unidade (de *ātman* e os cinco agregados) ou, em sânscrito, *ekatva-viyukta-vinishcaya-marma*.

Em quarto lugar, uma vez que tenhamos negado a uniformidade de *ātman* com os agregados, deveríamos agora, por meio da dialética, negar sua exclusividade total. Se *ātman* é totalmente diferente dos agregados, um exame detalhado deveria poder revelar este fato. Mas, se são diferentes do ponto de vista da verdade relativa (conforme pretende a mente não desenvolvida), não poderão ser diferentes na Verdade Absoluta (pois a Verdade Absoluta sempre constitui uma verdade que é diversa da relativa). Porém, isto entraria em contradição com a asserção de que eles são totalmente diferentes.

Nesta proposição, teríamos de aceitar que *ātman* e os agregados quase que não se relacionam, constituindo fenômenos que diferem entre si de modo integral. Sendo este o caso, precisaremos aceitar que *ātman* estará livre das características dos agregados em termos de surgimento, existência e desaparecimento. Assim, aquele que crê neste tipo de visão de *ātman*, ou seja, de que ele é totalmente diferente dos elementos da personalidade, deverá ser capaz de demonstrá-lo como não possuindo qualquer relação com os cinco agregados e existindo independentemente deles – e realizar isto é impossível[73] (visto encontrarem-se dentro dos cinco agregados todos os meios possíveis de reconhecimento de *ātman*). Portanto, em momento algum, será correto sustentar a visão de que *ātman* e os cinco agregados são totalmente diferentes. Isto recebe a denominação de conhecimento completo do débil ponto que separa (a visão da) não unidade (de *ātman* e dos cinco agregados, ou, em sânscrito, *anekatva-viyukta-vinishcaya-marma*).

A fim de obter um entendimento de ausência de natureza própria (na pessoa) dever-se-iam conhecer desta maneira as razões por que *ātman* e os agregados não são nem o mesmo fenômeno nem são diferentes.

Pode-se chegar ao entendimento da ausência de natureza própria pelo método dialético denominado *anupalabdhi* (a impossibilidade de obter as condições necessárias à comprovação do objeto). A ausência de natureza própria de *ātman* pode ser explicada através de seguinte analogia. Um homem tem apenas dois lugares possíveis onde procurar por uma vaca que se crê perdida, mas falha em encontrá-la ao dar uma busca completa em ambos os locais. Ele sabe que a vaca não tem como estar alhures, sendo inútil considerar procurá-la em um terceiro lugar, assim, a falta de frutos para sua busca torna-se aparente e com ela é revelada a falha em sua suposição (de que uma vaca se perdeu). De forma semelhante, a pretensa existência independente de *ātman*, após se ter procurado por ele tanto dentro quanto fora dos cinco agregados, deve ser considerada como não existente. A crença em um *ātman* (alma) independente é, na verdade, o resultado da atividade mental. Tais ideias sobre *ātman* provam-se ilusórias e logicamente inválidas através da separação (das visões) de unidade e não unidade de forma a chegar-se a *ātma-sunyata* (vazio de *ātman*), que é um sinônimo para ausência de *ātman* da pessoa (*pudgala-nairātmya*). Desta maneira, e por força dessa dialética, surge, naquele que pratica, a reta visão da prática do Caminho do Meio.

Uma vez feita esta breve explanação sobre a ausência de *ātman* da pessoa, explicaremos agora a sua ausência das ocorrências mentais (*dharma-nairātmya*). De modo geral, objetos, como por exemplo, um pote de barro, são encarados como se existissem independentemente. Na realidade, um pote é o resultado da combinação de uma série de causas: o barro, aquele que o moldou, seu esforço para fazê-lo, o forno e tudo o mais. Isto significa que sua existência depende de muitos outros fatores diferentes do produto acabado, o qual recebe o nome de "pote", de modo que se pode com facilidade ver que aquele objeto não possui existência independente. Se fosse independente de fato, dever-se-ia ter auto-originado (*svāyambhu*) mas, em seu exame, nada que tenha tal natureza pode ser encontrado. Ora, todos os *dharmas* vivenciáveis, que perfazem o mundo do qual temos consciência, são de natureza semelhante à do pote de barro, exigindo condições que corroborem seus surgimento e existência. Este aspecto da existência constitui a prova mais importante de que a natureza dos *dharmas* é também uma natureza de "eu" ausente. Na realidade, isto é a Verdade Absoluta. Embora possamos sentir que os *dharmas* (ocorrências mentais) têm um ser ou uma natureza em si mesmos, a Verdade Absoluta revela-os desprovidos de tal natureza. A crença de que a verdade dos fenômenos reside na forma na qual os percebemos (enquanto entidades autoexistentes) é tratada por visão do caráter do "eu" dos *dharmas* (*dharmātma-drsti*), sendo ela equivalente à suposição de que os dados provenientes dos sentidos são, em última instância, verdadeiros. Mas para conhecer a verdade que está oculta (por nossas manchas mentais como *avidyā*, ignorância), os *dharmas* deveriam ser analisados à luz das quatro abordagens dialéticas expostas acima. Examinando-os desta forma, a pessoa liberta-se da visão autoimposta de que os *dharmas* têm uma existência em si mesmos, vindo, assim, a penetrar o vazio primordial. Ao penetrá-lo, verificará que o mundo inteiro não passa de conceitualização, e que sua existência é relativa. Este é o conhecimento através do qual se compreende a ausência de *ātman* dos *dharmas*.

Quando se chega ao entendimento correto da ausência de natureza própria de pessoas e *dharmas* igualmente, então o mundo inteiro é compreendido em termos de causa e efeito, sujeito e objeto, sendo sua própria existência dependente de miríades de causas. E, de fato, os processos que afetam fenômenos tanto vivos quanto não vivos podem ser melhor compreendidos ao estabelecer-se a verdade da ausência de *ātman* dos *dharmas* (elementos). É possível fazê-lo, averiguando-se as visões mantidas por outras pessoas no que tange aos *dharmas* condicionados, de forma que se chegue ao entendimento da Originação Dependente em termos do vazio[74]. Quando a Originação Dependente é percebida como o vazio, e o vazio, como Originação Dependente, então, com o auxílio do discernimento, percebe-se a essência de todos os Discursos do Senhor Buda.

Mas para a compreensão do vazio (mesmo que intelectualmente), a dialética da separação das visões de unidade e não unidade não é considerada suficiente, e existem outros métodos dialéticos para fortalecer o conhecimento da verdade. Em meio a eles encontram-se:

1. *Vajra-kana-yukti,* o método da partícula *vajra,* o qual envolve um exame completo dos quatro meios condenáveis de demonstrar que:

> todos os *dharmas* não são nascidos
> de si mesmos,
> de outras causas,
> de ambos,
> de nenhum dos dois (desprovidos de causa).

2. *Sad-asad-anupapatti-yukti,* o método de originação da verdade e da não verdade, o qual consiste no exame para refutar tendências:

> 2.1 a tornar similar a natureza da causa e do efeito,
> 2.2 ao surgimento a partir de uma outra causa autoexistente,
> 2.3 ao surgimento a partir de ambas as causas original e corroborante,
> 2.4 à ausência de causação.

3. *Catuskotyutpādānupatti-yukti,* a produção dos quatro cantos (a qual a lógica demonstra que) é não produzida. Chega-se a isto através de um exame da produção de todos os *dharmas* por meio do qual se condena que:

3.1 uma causa produz muitos efeitos,
3.2 muitas causas produzem um efeito,
3.3 muitas causas produzem muitos efeitos e
3.4 uma causa produz um efeito.

4. *Pratītya-samutpannatva-yukti,* o método da Originação Dependente no qual se procede a um exame de todos os *dharmas* para demonstrar que eles surgem de modo dependente e são, assim, insubstanciais e desprovidos de *ātman.*

Do exercício desta dialética origina-se o conhecimento do profundo significado do vazio ou inexistência de *ātman* (individual) quando tal entendimento for obtido, deveria ser desenvolvido e vivenciado através da serenidade com ou sem a concepção do pensamento (*savitarka, avitarka*), pois esta é a maneira na qual é aplicado o treinamento na Sabedoria Suprema.

Assim termina a descrição do Treinamento na Sabedoria Suprema.

A Senda
(mārga)

O mais elevado desses treinamentos supremos é o da sabedoria. Faremos uma breve apresentação do modo como praticar este treinamento da sabedoria, juntamente com a virtude e a serenidade. Existem diferentes aplicações para este treinamento tríplice, conforme a aspiração perseguida, a senda praticada e o resultado final desejado. Portanto, descreveremos a senda daquele que é um discípulo (*srāvaka*, cuja tradução literal é "o ouvinte") e que aspira ser um *Arhat* ("o que é digno" em vista da destruição das manchas); a senda daquele que deseja tornar-se um Buda Silencioso (*pratyeka-buddha*, cuja tradução literal é "um Buda para si mesmo" (praticante solitário) e, por fim, a senda do *Bodhisattva* (um ser que fez o voto de atingir a iluminação para o bem de todos os seres sencientes), a qual é trilhada na direção do atingimento do Budado perfeito (*samyak-sambuddhatva*).

O Veículo (ou Senda) dos Discípulos (*Sravakayāna*)

Esta senda possui diferentes estágios, começando por *Sambhāramārga* (A Senda da Acumulação). É bem sabido que seres enredados na rede do *karma* e das manchas mentais permanecem vagueando aqui e ali na roda de nascimentos e mortes, existindo por algum tempo nos muitos reinos de nascimento, desde o mais elevado, *Bhavāgra*, ou o ápice do ser, até o mais inferior, *Avīci*, o inferno "sem descanso"[75]. Toda a engrenagem movida pelas causas (tais como ignorância e desejo) e pelos efeitos (as várias formas de experiências insatisfatórias como doenças, envelhecimento, nascimento e morte), repleta de distorções, em virtude da presença de manchas mentais e deficiências, na verdade, constitui *duhkha* em si. Dever-se-ia considerá-la como uma corrente dos agregados de apreensão (os cinco agregados impermanentes que incluem a personalidade de pessoa e que são apreendidos na tentativa de torná-los "próprios", *upadāna-skandha. Duhkha,* vivenciado pelos seres em virtude de sua apreensão, é variado, podendo no entanto ser dividido em:

1. *duhkha-duhkhatā* (o sofrimento de insatisfação)
2. *viparināma-duhkhatā* (o sofrimento de deterioração)
3. *samskāra-duhkhatā* (o sofrimento de conformações)

O primeiro representa a dor física e mental que é verdadeiramente sentida, não podendo ter outra característica senão a da insatisfação. O segundo abrange a natureza opressiva de todos os fenômenos condicionados, os quais estão fadados à transformação e à ruína. O último indica a natureza insatisfatória de tudo o que é formado ou condicionado pelo seu modo de existência precária e dependente.

O objetivo daquele que prática o *Dharma* deveria ser o de possuir um entendimento claro destas várias categorias de *duhkha* e perceber como elas o afetam pessoalmente[76], de forma que surja o desapego em relação ao mundo combinado com um forte anseio por obter a libertação do que é mundano. A entrada na Senda da Acumulação ocorre quando a pessoa sente o aparecimento daquele anseio, obtendo, desta forma, o incentivo para alcançar sua meta. Dessa maneira, distanciamo-nos daquilo que não constitui a senda e entramos no caminho conducente à libertação. Do decurso da própria prática, acumulam-se todos os méritos[77] necessários à grande jornada que está prestes a ser empreendida.

Esta primeira senda tem caráter triplo, sendo fraca, forte ou média, de acordo com a prática de tais contemplações como a do não belo (*ashubha-bhāvanā*, designado a solucionar, por exemplo, a atração por uma menina bonita, pois se a pessoa considerasse o que é denominado "belo" como um mero aglomerado de ossos, sangue e outras composições repulsivas, a mente luxuriosa ou gananciosa estaria curada), atenção à respiração (para curar a mente distraída) e outros aspectos relativos à atenção (para a consciência do *Dharma* na própria vida diária). Através da prática destas contemplações, visões equivocadas que intensificam as manchas denominadas inversões (*viparyāsa*) são gradualmente enfraquecidas, porém, ainda não são destruídas. As inversões consistem em visões (perceptivas, mentais e filosóficas) que consideram belo o não belo, permanente o impermanente, o que é insatisfatório como imbuído de felicidade, e o estado de não *ātman* como sendo dotado de alma. Uma vez enfraquecidas estas inversões, a mente da pessoa que assim prática não demonstra tendências à acumulação de riquezas terrenas nem ao seu desfrute, perdendo o interesse por tal mundanidade. Ao contrário, sua mente avança no sentido da purificação e da necessária destruição das manchas, antecedentes obrigatórios à libertação. Partindo de sua prática, a pessoa obtém um ou mais dos cinco superconhecimentos e fica imbuída do poder de projetar-se em diferentes formas.

Prayogamārga, A Senda do Esforço, constitui o segundo destes estágios. Dotada das virtudes da Senda da Acumulação, a pessoa progride no caminho conducente à libertação. Daí em diante, aquele que estiver nesta senda possui virtudes em constante fortalecimento e adquire novas virtudes das quais ele antes não dispunha. Nesta segunda senda, a pessoa avança através dos quatro estágios denominados "auxílios à penetração,"[78](*nirvedha-bhāgiyā*: ardor, culminâncias, paciência e *Dharma* sublime.

Nestes quatro estágios desponta o desenvolvimento da sabedoria (que também pode ser chamado *vipashyanā*, ou discernimento) o qual penetra até as marcas gerais das Quatro Nobres Verdades, sendo que tal sabedoria se torna mais vigorosa na razão do progresso obtido. Por isto, as três marcas (da existência): impermanência, insatisfação e ausência de *ātman*, tornam-se cada vez mais claras. Também as cinco faculdades hábeis (*kusalendriya*)[79] e os cinco poderes manifestam-se na pessoa de forma que ela desenvolve muitas virtudes. Dos quatro estágios acima mencionados, o primeiro, denominado "*Dharma* Supremo", representa o estado final do ser mundano não iluminado. Após sua experiência, a pessoa descobre-se nas sendas transcendentais, tendo ingressado na família dos nobres seres (*Ārya*).

A terceira senda recebe o nome da Senda da Visão ou *Darsanamārga* e trata da visão, por meio de penetração transcendental, das Quatro Nobres Verdades em dezesseis aspectos diferentes[80]. Neste estágio, a pessoa possui a visão direta da ausência de natureza do não eu nas Quatro Nobres Verdades, de forma que através desta Senda da Visão acertadamente se destroem todas as manchas que nela devem ser destruídas, sejam elas concernentes aos elementos terrenos do prazer sensual, da forma ou da não forma. Estas manchas são de três tipos: a visão de que a pessoa é dona de seu corpo (*satkāyadrsti*), o ceticismo (*vicikitsa*) e o apego a votos e ritos (*sīlavrata-paramarsa*). De sua destruição aparecem as virtudes especiais do nobre ser, e, no momento em que isto ocorre, a pessoa é considerada um membro da Joia do *Samgha* (*samgharatna*). As manchas que são destruídas na Senda da Visão são manchas fortuitas (*āgantuka- klesha*), ao passo que as de caráter inato (*sahaja-klesha*) ainda não terão sido exterminadas. Por esta razão, após ter alcançado a Senda da Visão, a pessoa empreende a prática de toda a Nobre Óctupla Senda, em conjunto com o desenvolvimento do vazio na mente.

A Nobre Óctupla Senda[81] (*ārya-astangika-mārga*)

Os oito fatores desta senda são os seguintes:

1. *samyak-drsti,* compreensão perfeita, na qual são distinguidos dois estágios na Nobre Senda *samāhita-mārga,* quando a pessoa, em um estado de serenidade, confronta-se com as Quatro Nobres Verdades, mais tarde vindo a trazer esta experiência de volta à prática na vida diária (*prstha-labdha-mārga*).

2. *samyak-samkalpa,* exame perfeito através do qual são examinadas as causas para a compreensão do vazio e suas características. Tal vazio constitui a essência de todos os discursos do Senhor Buda, ao passo que seu exame determina os caminhos e meios através dos quais os outros podem ser levados ao entendimento.

3. *samyak-vāk,* fala perfeita. Embora o vazio não seja multíplice (*nisprapañca*), não podendo, portanto, ser expresso em palavras, ainda assim pode-se falar sobre ele de um ponto de vista prático. É o discurso perfeito, através da palavra falada e escrita, que faz com que os outros tomem conhecimento da não multiplicidade do vazio, de forma que possam estabelecer-se no entendimento perfeito. Compreende, portanto, a ausência de todo o discurso falso [82].

4. *samyak-karmanta,* ação perfeita. É natural que a conduta dos nobres seres sempre esteja em harmonia com o *Dharma,* de forma que este fator estabelece o praticante em preceitos puro. Pode também ser denominado "ação física pura".

5. *samyak-ājiva*, perfeito modo de ganhar a vida. Os *Āryas* ou nobres seres sempre ganham a vida de forma pura, pois suas vidas jamais encerram posturas equivocadas. A conduta do ser nobre está livre de expressões físicas ou verbais que sejam sinuosas, como, por exemplo, a exibição das próprias virtudes para os outros.

6. *samyak-vyāyāma*, esforço perfeito, o qual é um tipo de desenvolvimento da mente, com o uso da "sabedoria do pensamento", que serve para desenvolver a experiência do vazio, já compreendida.

7. *samyak-smrti*, atenção perfeita. Quando os *Āryas* obtêm calma e discernimento, seus principais objetos de reflexão e investigação são as Quatro Nobres Verdades. O propósito da atenção perfeita é o de manter estes objetos presentes em suas mentes, não permitindo que tais verdades se percam. A mancha causadora de esquecimento (ou *musitasmrti*) é neutralizada por este fator da senda.

8. *samyak-samādhi*, serenidade perfeita. Este estado mental, puro e imperturbado, opõe-se às manchas de imersão e dispersão, libertando a pessoa de seus liames. Por meio desta serenidade perfeita progride-se mais e mais ao longo da senda.

Este Nobre Óctuplo Caminho pode ser organizado[83] em quatro divisões: supressão, reconhecimento, incentivo à confiança e oposição (*avacchedaka, avabodhaka,visvāsadhāyaka* e *pratipaksa*). Assim, a compreensão perfeita rompe as visões errôneas (*mithyā-drsti*) e penetra o vazio, sendo esta a primeira divisão. O exame perfeito auxilia os outros a reconhecer a verdadeira natureza da realidade. Fala, ação e modo de ganhar a vida perfeitos incentivam a confiança, a fim de que também os outros possam praticá-los. Os últimos três fatores da senda, esforço, atenção e serenidade perfeitos, são antagônicos às manchas mentais.

Bhāvanāmārga é a Senda de Desenvolvimento. Ao praticar-se a Nobre Óctupla Senda com persistência, ingressa-se na Senda de Desenvolvimento, onde as manchas a serem destruídas pelo desenvolvimento da mente são verdadeiramente exterminadas. Existem dois métodos para libertar-se deles: a "investida gradual" e a "investida única". Naquela, destroem-se gradualmente a manchas grosseiras, médias e sutis, relacionadas primeiramente ao reino dos prazeres sensuais, e, então, as relativas a cada uma das absorções da forma; por último, destroem-se as que são encontradas nas realizações da não forma, finalizando com o Ápice de Existência. Através do segundo método, o praticante desta senda destrói antes de mais nada as manchas fortes de todos os reinos, passando às médias, e, por fim, àquelas que são sutis.

Quando tal senda tiver-se tornado bastante forte, ao final de sua prática, esta experiência receberá a denominação de "a serenidade assemelhada ao estado adamantino" (*vajropama-samādhi*). É através desta serenidade que a pessoa ingressa no *Vimuktimārga* ou Senda da Libertação, tornando-se, assim, um *Arhat*.

O Veículo dos Budas Silenciosos (*Pratyekabuddhayāna*)

A forma da prática para aquele que deseja tornar-se um Buda Silencioso (um Buda para si mesmo, isto é, que não pode comunicar sua iluminação aos outros) é muito semelhante à anterior, possuindo também cinco sendas, como o fazem os discípulos. As diferenças, neste caso, apresentam-se no fato de que o mérito precisa ser acumulado por um período mais longo, a fim de assegurar a respectiva realização, ao passo que a realização da iluminação está concentrada na penetração da "Originação Dependente (12 *Nidanas*) e não na penetração das Quatro Nobres Verdades.

O Grande Veículo *(Mahayānā)*

É assim denominado uma vez que a pessoa que o empreende determina-se a concretizar a ideia de tornar todos os seres livres de manchas. Dois são os tipos deste Grande Veículo, de acordo com a prática: o Veículo das Perfeições (*pāramitāyna*)[84] e o Veículo Adamantino (*vajrayānā*). Este último será tratado separadamente, enquanto será descrito brevemente o Veículo das Perfeições, o qual, como o Veículo dos Discípulos, possui tambem cinco sendas:

Sambhāramārga, A Senda da Acumulação inicia com o surgimento de "*bodhicitta*", ou a mente determinada a obter iluminação, cuja causa é a compaixão (*karunā*). Manifesta-se através do forte anseio de libertar todos os seres do sofrimento. Naquele que o vivencia, brota o desejo de carregar em seus próprios ombros o fardo de conduzir todos os seres à libertação[85]: para que se cumpra tal aspiração uma nobre pessoa anseia por atingir o Budado. Este anseio, desprovido de toda a presunção, é denominado *bodhicittotpāda* (o surgimento da mente de '*bodhi*'). Após ter tido esta experiência, a pessoa recebe o nome de *Bodhisattva* (um ser determinado a alcançar '*bodhi*'). No mundo, tal pessoa também pode ser conhecida como um grande ser (*Mahāsattva*), um Filho dos Conquistadores, recebendo ainda outros nomes e tornando-se, desta forma, digno da adoração de todos os seres celestes e dos homens. Tão logo surja '*bodhicitta*', a pessoa ingressa na Senda da Acumulação, na qual são reunidos múltiplos méritos[86] e onde muitas das manchas mentais são tranquilizadas. Esta senda divide-se em fraca, forte ou média. Quando forte, a pessoa obtém a realização dos estilos de todas as absorções, vindo, assim, a possuir uma série de poderes e superconhecimentos (*rddhi, abhijñā*). Uma vez imbuído dos mesmos, é fácil para o *Bodhisattva* deslocar-se através das diversas terras de Buda (*buddhaksetra*); na verdade, ele é capaz de ir aonde desejar, a fim de prestar homenagem aos inúmeros Budas que ensinam o *Dharma*[87]. Mais uma vez, quando esta senda é forte, um *Bodhisattva* atinge uma forma especial de serenidade, denominada '*shrotānugata*', cujo poder capacita-o a ir às diferentes terras de Buda e ali ouvir ensinamentos profundos e detalhados, e praticá-los na forma devida. Nesta força da senda relativa à acumulação, um *Bodhisattva* também obtém um entendimento integral de todos os *Dharmas*.

Prayogamārga, a Senda do Esforço. Esta senda é alcançada quando o *Bodhisattva* atinge as perfeições da calma e do discernimento, as quais possuem o vazio como seu objeto. Os quatro auxílios à penetração, conforme encontrados na senda dos Discípulos, também estão presentes aqui. Nestes quatro – ardor, culminância, paciência e *Dharma* sublime – ele avança gradualmente enquanto a visão do vazio torna-se cada vez mais clara, e o dualismo de sujeito e objeto começa a desaparecer, sendo que a conceitualização a ele relacionada afigurar-se-á ainda mais fraca. Empenhando-se em praticar tanto a sabedoria quanto os meios hábeis (*Prajñā-upāya*) durante todas as suas horas de vigília, o *Bodhisattva* não vê os *Dharmas* como substanciais, nem mesmo em seus sonhos. Em qualquer estado que os vê, ele percebe que são insubstanciais, que não constituem *ātman*. Com este discernimento, desenvolve o desejo de ensinar o *Dharma* para todos os seres. Ao atingir as culminâncias (*mūrdhana*), um *Bodhisattva* torna-se competente para destruir os impedimentos, de quatro tipos, que surgem na condição de calamidades naturais em vista da ação dos quatro grandes elementos (terra, água, fogo, ar)[88], juntamente com doenças e desventuras. Ele também é capaz de pacificar seres que causam dano a outros[89]. Cumpre-se também seu discurso, significando que, uma vez proferidas suas palavras, ele pode sobrelevar todos os obstáculos. Após o atingimento da Senda do Esforço, a iluminação do *Bodhisattva* está assegurada, ou seja, ela se torna irreversível, e ele, por sua vez, não pode mais afastar-se do *Dharma*. Existem certos sinais vivenciados por ele durante este período, conhecidos como o *avaivartikalinga* (as marcas de irreversibilidade), e ele apresenta virtudes tão maravilhosas que se encontram além de toda a descrição.

A terceira senda, relativa à visão [a clara visão do vazio do 'eu'- N.E.], *Darsanamārga*, aparece após a experiência dos *Dharmas* sublimes (*agradharma*), onde o vazio é entendido de modo desimpedido. Nesta senda também são encontradas as duas divisões de realização (*samāhita*) e de retorno à prática na vida diária (*prsthalabdha*), ao passo que a primeira ainda recebe duas subdivisões, o *anantarīyamārga*, ou seja, o caminho que "prossegue sem intervalos" ao longo da Senda do Esforço e dos *Dharmas* sublimes, e o *vimukti -mārga* ou a Senda da Libertação. Naquele as manchas são destruídas e nesta tal realização de libertação é sustentada. Nesta senda, as manchas destruídas são, respectivamente, as obstruções das manchas e do conhecimento. Aquele que praticou até atingir o nível desta senda está livre dos efeitos do *karma* bem como da corrupção pelas manchas – livre também, portanto, de *duhkha* que costuma estar relacionado com o nascimento e a morte. O resultado é que a pessoa atinge um tipo de serenidade conhecido por *sarvadharmasukhāmgama* (todos os *Dharmas* experimentados como felicidade), onde todos os sentimentos desagradáveis não são mais vivenciados como tal. O *Ārya* que tenha conseguido chegar a esta serenidade não sofre sequer pelas coisas que costumam dar origem a menos sofrimentos tais como fogo, armas ou veneno. Ele está sempre apto a sentir felicidade [90].

O quarto caminho é a Senda de Desenvolvimento, *Bhāvanāmārga*. Nesta senda são encontrados os dez níveis através dos quais o *Bodhisattva* pratica a fim de obter, ao término do décimo, a Iluminação Perfeita. São os seguintes:

1. *pramuditā* ... o alegre
2. *vimalā* ... o puro
3. *prabhākarī* ... o que produz luz
4. *arcismati* ... o radiante
5. *sudurjayā* ... o invencível
6. *abhimukhī* ... o que se volta para frente
7. *dūramgamā* ... o que abraça distâncias
8. *acalā* ... o inabalável
9. *sādhumatī* ... o benéfico
10. *dharmamegha* ... nuvem do *Dharma*.

Pode ser imensa a duração do tempo dispendido por um *Bodhisattva* em cada um destes níveis, significando inúmeras vidas no percurso que conduz ao Budado. Ele tem diversas oportunidades para encontrar-se com um grande número de Budas e para ouvir seus ensinamentos, apressando assim seu avanço no longo destes estágios. Durante este longo período, aprimora pessoas para a iluminação por meio das quatro bases solidárias: doação, fala bondosa, conduta benéfica e imparcialidade[91] (*dāna, priyavākya, arthakryā, samānārthatā*). Cada um dos níveis possui suas próprias marcas especiais cujo estudo não faremos nesta obra, visto ser ela introdutória. É suficiente dizer que com o progresso as virtudes adquiridas tornam-se maiores e cada vez mais elevadas. A obtenção de uma imagem que claramente explique estes poderes está além do alcance do pensamento. Por fim, após ter avançado em todos os níveis, um *Bodhisattva* atinge a nuvem do *Dharma* na qual, por meio do *vajropama-samādhi* (a serenidade assemelhada ao estado adamantino) é rompida a corrente das obstruções ao conhecimento, mesmo as mais sutis dentre elas. Este é o último estágio do vir a ser e progredindo para além dele, um *Bodhisattva* atinge o Budado. As virtudes de um Buda, que possui caráter múltiplo e supremo, serão explicadas em uma seção subsequente.

O Veículo Adamantino (*Vajrayāna*)

Este veículo é muito superior àquele das perfeições, discutido anteriormente, embora o objetivo de ambos seja o mesmo, quer dizer, a realização do Budado, onde não pode haver qualquer diferença. Mas encontramos uma grande diferença entre estes dois veículos no que tange aos meios corretos utilizados para a realização do Budado.

Sua diferenciação torna-se clara quando se consideram os dois aspectos do corpo do Buda, o qual resulta da prática do veículo Adamantino. Estes aspectos são o *Dharmakayā* (corpo da verdade) e o *Rūpakāya* (corpo da forma), e, ao passo que ambos os veículos concordam quanto à causa daquele, diferem em relação a deste último. O *Dharmakayā* tem como causa específica a sabedoria encontrada em *bodhicitta,* a qual penetra o vazio, constituindo também uma causa corroborante para a produção do *Rūpakāya*. Contudo, no que concerne à causa específica deste, é possível observar uma divergência fundamental. O *Pāramitāyāna* sustenta que se trata somente do resultado do *bodhicitta* e do acúmulo das seis perfeições[92], enquanto *Vajrayānā* atribui tal causa a meios corretos profundos (*gambhīrupaya*). Uma vez que a divergência se encontra no emprego dos meios corretos, no *Pāramitāyāna* o percurso na pratica para a realização do Budado requer esforço aplicado em um imenso número de vidas, abarcando eternidades de tempo e, assim, de acordo com este veículo, seria impossível tornar-se um Buda no espaço de uma vida. Porém, no *Vajrayānā*, se a pessoa tiver um bom Instrutor e se suas faculdades estiverem preparadas, é possível obter o Budado[93] em um período de esforço de poucos anos.

Como foi dito acima, segundo o *Vajrayāna*, a causa específica do *Rūpakāya* são os meios corretos profundos que se cumprem com auxílio do *devayoga*[94] nos quatro graus do *Tantra*[95]. Estes são classificados conforme a inteligência, aguda ou embotada, daqueles que devem ser treinados; fazem-se ainda subdivisões posteriores, sendo inumeráveis as reais formas de treinamento prescritas. Sua natureza e formulação, bem como a maneira de explicá-las e os seus vários modos de fruição, variam todos conforme a pessoa a ser treinada e conforme as faculdades de que ela dispõe. Os detalhes destas formas de treinamento são explicados confidencialmente por um um Instrutor aos discípulos por ele aceitos[96]. Estes discípulos têm suas mentes preparadas na realização de uma cerimônia de consagração (*abhisekha*), por meio de qual ingressam no círculo daqueles que praticam Veículo Adamantino. Em vista de seu caráter pessoal, estas consagração e prática não serão explicadas aqui, e o que se segue é apenas um resumo sumamente breve da prática *Vajrayāna*. (Não podem ser fornecidos detalhes dada a natureza privada de relação entre o Instrutor e os discípulos).

A pessoa que deseja trilhar o caminho das instruções tântricas deveria ser, em primeiro lugar, dotada de desapego e abnegação, bases comuns a todos os caminhos praticáveis no *Buddhadharma*[97]. Tal pessoa deveria estar dotada também do *bodhicitta*[98]. Estando bem preparada em seu interior, esta pessoa dirige-se, então, a um Instrutor que esteja imbuído de todas as marcas da competência[99] e, com humildade, solicita dele a consagração e a iniciação no círculo de seus discípulos praticantes do *Vajrayāna*. Uma vez recebida a consagração, esta pessoa deveria observar bem todos os preceitos, pois é apenas na base de conduta virtuosa (*shila*) que ela poderá avançar ao longo da senda[100].

Durante a prática da senda dos *Tantras*, é necessário que se dê atenção especial, antes, a *avabhāsa-paksa* e, depois, a *sunyatā-paksa*. O primeiro, que pode ser traduzido como a "asa de esplendor", significa que a mente torna-se unidirecionada sob a forma do desenho do ser celestial[101] cuja prática ela empreendeu. Através disto obtém-se o *Rūpakāya* de um Buda. O segundo, chamado a "asa do vazio", constitui a experiência de nada ver senão o vazio. Representa um estágio muito especial, onde se vivencia a iluminação e que é também conhecido por *Mahāmudra* (O Grande Símbolo). Para que a mente permaneça fixa neste estado é necessário o especial auxílio dos meios hábeis (*upāya*) por meio dos quais se tornam conhecidos os canais (de força espiritual, *nadi*) e os "ventos" (as forças espirituais em si, *prāna*). Através destes conhecimento e prática a pessoa obtém o *Dharmakāya* de um Buda.

De posse dessas asas, a pessoa assemelha-se a uma ave que parte pelo espaço, expandindo-se no voo para o Budado.

Os Corpos de um Buda
(Buddha-kāya)

Conforme o exposto nas seções anteriores, o fruto do Budado é alcançado por meio da senda referida nos *Sūtras* e nos *Tantras*. Aqui fornecerei apenas um delineamento da significação do Budado no que tange aos vários corpos utilizados por Budas, enquanto que na seção seguinte é feito um relato das virtudes (*gunas*) da mente, fala e corpo de um Buda.

São quatro os corpos de um Buda e encontram-se explicados aqui na seguinte ordem:

svabhāvakāya	...corpo autoexistente
dharmakāya	...corpo do *Dharma*, ou da verdade
sambhogakāya	...corpo de bem-aventurança (glória)
nirmanākāya	...corpo criado

O *svarbhāvakāya* pode ser considerado sob dois aspectos que nos auxiliam a compreender também a natureza do *Dharmakāya*. Recebem a denominação de *āgantukā-visuddha-dharmakāya* e *svabhāva-visuddha-dharmakāya*. O primeiro deles é o puro corpo do *Dharma* obtido pela destruição das manchas adventícias, enquanto o segundo pode ser traduzido por puro e autoexistente corpo do *Dharma*. Com relação àquele, já foi observado que no décimo nível, chamado de nuvem do *Dharma*, ocorre a serenidade assemelhada ao estado adamantino, por meio da qual são para sempre destruídas todas as obstruções ao conhecimento profundo (*jñeyāvarana*). Logo após, há a experiência do ingresso no *Vimukti-mārga*, a Senda da Libertação, onde não existem quaisquer obstruções pelas manchas (*kleshāvarana*) remanescentes, que devem também ser destruídas. Ambos os tipos de obstruções são chamados manchas adventícias (*āgantukamala*), e, uma vez destruídas, chega-se ao *āgantuka-visuddha-dharmakāya*.

As mentes dos seres estão, na realidade, sempre vazias, constituindo de fato a não natureza de "eu". Este vazio natural da mente recebe nomes diversos, como "a linhagem dos autoexistentes", "a linhagem dos Budas", "a semente dos Budas" ou "o útero dos *Tathāgatas*," este último figurando em muitos Escrituras do *Mahāyāna*. Tal linhagem existe nas mentes de todos os seres, e é por esta razão que todos os seres são capazes (dadas as condições favoráveis) de alcançar o Budado.

Uma vez finalizada a prática, que ocorre quando um *Bodhisattva* atinge o último estágio no qual a mente está livre de manchas adventícias, o conhecimento da inexistência do "eu" torna-se claro para ele. Isto é chamado *svabhava-vishuddha-dharmakāyā*, e não pode ser encontrado no falso estado mental onde manchas adventícias estejam em contínuo aparecimento, sendo visto apenas no estágio de realização do Budado. Não é impermanente, tampouco criado por causas e efeitos; não é composto e, portanto, jamais se modifica.

Recebe o nome de *dharmakāyā*, o ato de ver claramente todos os *Dharmas* que podem ser conhecidos tanto pela visão da verdade relativa quanto pela visão da Verdade Absoluta, sendo também denominado o conhecimento onicognoscitivo (*sarvajna-jñāna*). Embora seja uno e não multíplice, ainda assim pode ser considerado de diversas maneiras, como, por exemplo, do ponto de vista das trinta e sete asas de iluminação[103], ou à luz do grupo dos vinte e um conhecimentos impolutos (*anāshrava-jñānavarga* – ver a seguir as virtudes de mente do Buda).

Chegamos agora à explicação do corpo de bem-aventurança (*Sambhogakāya*). Já mencionei que existem dez níveis pelos quais um *Bodhisattva* passa. Do oitavo nível em diante, chamado o "inabalado", ocorre um tipo de desenvolvimento especial, e as perfeições praticadas neste nível são denominadas o empenho pela Terra Pura (*ksetra-parisuddhi-prayoga*). Por meio desta prática ocorre a obtenção do corpo e do local de nascimento do futuro Buda. Os níveis do oitavo ao décimo são denominados puros (*visuddha-bhūmi*), pois neles a mente não se apega à natureza do "eu". Tal prática constitui a causa primária do corpo de bem-aventurança, sendo as raízes hábeis amadurecidas para garantir seu local de nascimento. O *Sambhogakāya* manifesta-se em *akanisthaghana-vyūhasksetra* (a formação de nuvens da Terra dos Grandes Seres), e o atingimento do Budado por um *Bodhisattva* acontece primeiramente nesta Terra. Neste estado existem cinco *dharmas* fixos, ou seja, o local, o corpo, o cortejo, o *Dharma* por ele ensinado, e o momento, sendo todos muito precisos. O *Sambhogakāya* surge apenas nessa Terra e por esta razão diz-se que o local é fixo. A fixidez do corpo significa que ele possui as trinta e duas marcas maiores e as oitenta marcas menores de uma grande pessoa. Por cortejo fixo quer-se dizer que apenas os nobres *Bodhisattvas* são ali encontrados, tendo a fixidez do *Dharma* o significado de que eles sempre ensinam o Grande Veículo (*Mahāyāna*). Mesmo no decurso do vaguear constante (*samsāra*), eles não demonstram transformações em seus corpos, como envelhecimento, morte e outras. O corpo dotado destes cinco *dharmas* fixos é chamado o "corpo de bem-aventurança" e constitui ainda a base para o "corpo criado".

Este é o *Nirmānakāya* e não esta imbuído dos cinco *dharmas* fixos, podendo ser visto por homens comuns. São distinguidos três aspectos seus:

uttama-nirmānakāya,
sailpica-nirmānakāya, e
nairyānika-nirmānakaya

O primeiro deles, o mais elevado corpo criado, está diretamente relacionado com o corpo de bem-aventurança. Tendo nascido em diferentes mundos tais como *Jambūdvīpa*[104], o primeiro aspecto também possui as marcas maiores e menores de uma grande pessoa, como de fato as tinha o *Shākyamuni.* Outro fenômeno que ocorre na vida de um Buda são os doze grandes acontecimentos, os quais proporcionam bem-estar aos homens que podem ser treinados. São os seguintes[105] :

1. partida, pelo *Bodhisattva,* do mundo celestial de Tusita, onde ele passa sua penúltima vida,
2. entrada no útero da mãe real, durante o que ela sonha com um elefante branco de seis presas o qual descende dos céus,
3. nascimento do lado direito do rainha, quando esta se encontra no parque em Lumbini, fora de Kapilavastu,
4. educação na qual o pequeno príncipe *Bodhisattva* surpreende os professores com sua imensa base de conhecimento,
5. usufruto da propriedade real nos palácios cercados por tudo que é belo e puro,
6. passagem por Kapilavastu, conhecendo a velhice, a doença, a morte e um mendicante religioso e, motivado por isto, ingressa na vida sem lar,
7. prática da austeridade, por cinco anos nas margens do rio Nairañjara, próximo ao Gaya,
8. 8. ida à arvore *bodhi* onde permanece sentado (no local conhecido por Assento Adamantino – *vajrāsana,* em Buda Gaya).

9. total sujeição de *Māra* (a personificação do mal) naquele local,
10. realização de iluminação perfeita, na Lua Cheia de *Vaishākha* (quase sempre na transição do mês de abril para o mês de maio).
11. Giro da Roda do *Dharma* (no Parque do Veados, fora de Benares) para ensinar os cinco ascetas, na véspera da Lua cheia de *asadha* (a segunda Lua cheia após *Vaishākha*).
12. o *Mahāparinirvāna*, a "grande e total extinção" (em *Kushinārā*).

São todos atos atribuídos ao Senhor Buda, embora os dois primeiros sejam, na verdade, acontecimentos relativos à sua vida anterior, na condição de *Bodhisattva*.

O segundo aspecto do corpo criado, o *shailpika-nirmānakāya*, é uma forma especialmente designada e conformada de um modo supremo. Um exemplo seu encontra-se na história do orgulhoso *gandharva*, ou menestrel celestial, a quem *Shākyamuni* subjugou no provar sua maestria com o alaúde[106].

O *nairyānika-nirmānakāya*, ou o terceiro aspecto do corpo criado, significa que um Buda pode nascer na forma de outros seres como, por exemplo, quando o Senhor Buda, antes de vir ao mundo como filho do rei Shuddhodana, havia nascido como um ser celestial, em Tusita, com o nome de Sacchvetaketu [107].

Dos quatro corpos acima, *Svabhāvakaya* e *Dharmakāya* podem ser vistos por homens comuns, enquanto que o *Sambhogakāya* e o *Nirmānakāya* só podem ser percebidos por eles com base em seus méritos, sendo estes corpos, portanto, imediatamente empregados para benefício do mundo.

Os quatro corpos podem ser reduzidos a três se *Svabhāvakāya* e o *Dharmakāyā* juntos forem denominados apenas *Dharmakayā*. Os três podem ser abreviados para dois ao combinarem-se *Sambhogakāya* e *Nirmanakāya*, que passaram a ser considerados como *Rūpakāya* (corpo da forma).

As Virtudes de um Buda
(*Buddhaguna*)

Um Buda possui inúmeras virtudes no aspecto do corpo da forma. Todas elas, contudo, podem ser agrupadas sob os quatro padrões do corpo, do discurso, da mente e do *karma*. Nas páginas que seguem procederei a uma breve explicação dos mesmos.

Virtudes Corpóreas. Estão entre elas as trinta e duas marcas da grande pessoa, tais como o círculo dourado no peito do pé, e as suas oitenta marcas menores, qual unhas avermelhadas, na tonalidade do cobre. As raízes para a iluminação podem ser fixadas nos seres quando são vistos tais atavios em seus corpos. A forma corpórea dos seres não iluminados, que é um "agregado com poluições"(*sāshraya-skandha*), não tem as trinta e duas ou oitenta marcas que perfazem uma forma a qual corporifique oniconhecimento (*sarvajñatā*). Cada um destas marcas, mesmo nos fios de cabelo, pode penetrar o verdadeiro conhecimento de todo o objeto cognoscível.

Além disto, um Buda pode apresentar vários tipos de manifestações corpóreas nas várias espécies de sistemas do mundo. Em um sistema ele pode vir a nascer em um campo de Buda, em outro, pôr a funcionar a Roda do *Dharma*, em outro, ainda, poderá apresentar-se como seguindo o caminho do *Bodhisattva*, enquanto que em um quarto campo, ele pode ser visto atingindo a "grande e total extinção", e é, através destes feitos, que os seres aptos ao treinamento são estabelecidos na senda verdadeira. É dito que os Budas podem mostrar, em cada poro de seus corpos, os corpos feitos de todos os Budas no passado, no presente e no futuro, apresentando ali também a procedência total de suas próprias vidas na condição de *Bodhisattva*.

Virtudes Verbais. O discurso de um Buda é denominado cordial, cativante e benéfico, pois dá origem às raízes da habilidade e as desenvolve de acordo com a capacidade dos seres individuais[108]. É também denominado suave porque no ouvir tal discurso a mente torna-se repleta de alegria. Ainda é considerado instrutivo porque através dele se estabelecem a Originação Dependente, a verdade dual e outros. Mais uma vez, diz-se que ele conduz a mente ao deleite, pois expressa o *Dharma* com clareza. Assim existem sessenta e quatro virtudes pertinentes ao discurso de um Buda e elas, em conjunto, recebem o nome de *brahmasvāra*, o Som Divino. Encontram-se em todo o discurso, frase e palavra de um Buda. A característica especial maior é a de que, enquanto um Buda está ensinando os seres celestiais, 'serpentes' (Iniciados), 'daimons', menestréis celestes e todas as tribos humanas entendem-no, cada qual em sua própria linguagem. Estas são algumas das virtudes do discurso de um Buda.

Virtudes Mentais. Estas são, inicialmente, de dois tipos; aquelas relacionadas à sabedoria e aquelas relativas à compaixão. Conforme relatamos na seção anterior sobre o *Dharmakāya*, existem vinte e um conhecimentos impolutos, alguns dos quais, contudo, compartilhados pelos Discípulos e pelos Budas Silenciosos; os restantes são próprios aos Seres perfeitamente Iluminados. Suprimindo os que são comuns à Iluminação dos primeiros, comentaremos apenas aqueles dos quais estão imbuídos os Budas Perfeitos. Começaremos pelos Dez Poderes (*dashabala*)[109] de um Buda.

I.

1. *sthānāsthāna-jñāna*: é o conhecimento das causas que produzem um fenômeno manifesto (*sthāna*) bem como das causas que não produzem qual-

quer manifestação própria (*asthāna*).

2. *karmavipāka-jñāna*: por meio deste um Buda conhece o *karma* hábil, inábil (*kushala akushala*) e outros grupos de *karma*, bem como seus resultados, conforme aqueles são cometidos pelos que os empreendem e conforme os afetam.
3. *dhyāna-vimoksādi-jñāna*: este aparece para um Budaque assumiu como base as absorções da forma e da não forma, vindo Ele a conhecer, assim, as diferenças mais sutis dos vários estágios e libertações.
4. *indriya-parāpara-jñāna*: por meio deste um Buda conhece as faculdades agudas, medianas e embotadas dos seres aptos ao treinamento.
5. *nānādimukti-jñāna*: aqui um Buda tem conhecimento das inclinações individuais influenciadas por ganância, aversão e ilusão naqueles diferentes seres aptos ao treinamento.
6. *astādasha-dhātuprabhedadi-jñāna*: neste, um Budaconhece a análise dos *dharmas* nos dezoito elementos (ver agregados, entradas e elementos).
7. *bhava-samsārarvatragāmini-pratipad-jñāna*: dos níveis mais inferiores em estados de privação (*apāya-bhūmi*) até o ápice do ser (*bhavāgra*), existem muitos níveis chamados "*bhūmi*", enquanto que para além deles encontram-se o reino e a libertação dos *Āryas*, e de todos eles, sejam mundanos ou supermundanos, um Buda possui o conhecimento.
8. *purva-nivāsānusmrti-jñāna*: através deste os Budas conhecem as vidas passadas dos seres.
9. *cyutyupapatti-jñāna*: neste, a morte e o nascimento dos seres, em conformidade ao seu *karma*, tornam-se conhecidos por um Buda.

10. *āshravaksāya-jñāna*: um Buda não possui nem a obstrução das manchas nem a do conhecimento e conhece assim a destruição das distorções (*āshrava*, relativo à sensualidade, existência, desconhecimento de opiniões própria e alheia, seja agora ou no futuro.

II. Outro importante grupo de virtudes mentais e o das Quatro Convicções de um Buda: (*caturvaishāradya*)[110]. Conforme este grupo, durante seu ensinamento, ou em qualquer ação corpórea ou verbal, um Buda possui convicção perfeita sem qualquer hesitação ou temor a críticas. Por esta razão, ele é chamado "o que possui convicção suprema" (*vaishāradya-prāpta*). Como no caso de nosso Senhor Buda, há quatro declarações, feitas por Budas, proferidas em suprema convicção; delas originam-se as abaixo indicadas:

1. *sarva-dharmābhi-sambodhi-pratijñā-vaishāradya*: proclamou o Senhor Buda, "penetrei a iluminação relativa a todos os *dharmas*", e ao declará-lo ele não teme qualquer condenação racional da parte de outros que desejam contestá-lo.
2. *sarvāshravaksāya-jñāna-pratijñā-vaishāradya*: proclamou o Senhor Buda, "obtive a destruição de todas as distorções," e, no declará-lo, ele não teme qualquer condenação racional da parte de outros que desejam contestá-lo.
3. *antarāyika-dharmavyākarana-pratijñā-vaishāradya:* proclamou o Senhor Buda, "anunciei os *dharmas* obstrutivos (tais como ganância, aversão e ilusão) como sendo obstruções", e, ao declará -lo, ele não teme qualquer condenação racional de parte de outros que desejam contestá-lo.
4. *nairyānikapratipadvyākarana-pratijñā-vaishāradya*:

proclamou o Senhor Buda,"anunciei o entendimento perfeito das Quatro Nobres Verdades como a senda prática que conduz de *duhkha* (sofrimento) ao *Nirvāna*. O Senhor Buda expressou isto em compaixão por todos os seres aptos ao treinamento. As declará-lo ele não temeu qualquer condenação da parte de outros, desejosos de contestá-lo.

III. Ainda outro grupo de virtudes mentais é denominado as três Percepções não Confusas (*asanbhinna -smrtyupasthāna*)[111], significando que, ao ensinar, o Senhor Buda mantém sua mente desprovida de confusão quanto aos três pontos:

1. *shushrūsamānesu-samacittatā*: ao ensinar, o Senhor Buda mantém a mente com atenção uniforme (sem qualquer apego) nos discípulos que escutam com respeito e com confiança em seus corações.
2. *ashushrūsamanesu-samacittatā*: também para os qu não escutam com respeito nem demonstram confiança dentro de seus corações o Senhor Buda mantém a mente uniformemente atenta (na ausência de qualquer sentimento de desconsideração).
3. *shushrūsāshushrūsamānesu-samacittā*: ensinando a uma audiência mista composta por aqueles que ouvem atentamente e por aqueles que não estão atentos, não poderia surgir no Senhor Buda qualquer consideração adicional pelos primeiros e desconsideração pelos últimos, mantendo apenas a mente uniformemente atenta.

IV. Mais uma vez, existe o grupo dos três *dharmas* Desvelados (*Agupta-Dharma*)[112]. Uma vez que nada de censurável foi feito pelo Senhor Buda, através das portas do corpo, da fala e da mente, ele não teve pensamentos com a intenção de ocultar o que quer que tenha sido realizado por ele, com a ideia de "que os outros nada sabem sobre isso". Suas ações francas e inocultáveis, por meio das três portas, recebem o nome de os três *dharmas* Desvelados.

V. A Ausência do Esquecimento (*nāsti-musitā*) é mais uma das virtudes mentais. Significa que o Senhor Buda sempre se lembra das pessoas, momentos e locais em que os seres podem receber auxílio. De posse deste conhecimento, Ele se aproxima das pessoas em hora e lugar certos, proferindo o *Dharma* com as palavras adequadas.

VI. Outra espécie de virtude mental que deveria ser mencionada é chamada: *samyak pratihāta-vāsanatvā*, expressando que, na mente de um Buda, todas as tendências (*vāsanā*) pertinentes às duas formas de obstruções (*āvarana*) são destruídas por completo.

VII. *Mahākarunā* ou a Grande Compaixão aponta que na mente do Buda há, apenas, o seguinte pensamento: "a quem posso educar e firmar no caminho correto"(do entendimento perfeito).

VIII. Agora consideraremos um importantíssimo grupo de *dharmas*, conhecido como as dezoito Virtudes Especiais de um Buda (*āvenika-buddhaguna*). Estas não são encontradas nos discípulos ou nos Budas Silenciosos, permanecendo próprias dos Budas Perfeitos. Entre elas existem quatro categorias; seis recaem sob a categoria da conduta, seis sob iluminação (*bodhi*), três sob *karma*, enquanto que as três remanescentes referem-se ao conhecimento (*jñāna*).

1. *nāsthi-thathāgatasya-skhalitam*: para os *Tathāgatas* não existe o temor a ladrões, animais etc., vivam eles na cidade ou na floresta.
2. *nāsti-ravitam*: um Buda não ri nem reclama quando vai por um caminho errado ou o perde. Ele jamais se expressa de forma tola, tampouco faz exclamações.
3. *nāsti-musitāsmrtitā*: Ele jamais esquece o que deve ser feito, nem quando e onde deve ser feito, cumprindo tudo no momento certo.
4. *nāsti-asamāhitacittam*: tenha Ele ingressado nas absorções ou não, sua mente está sempre bem fixada no vazio.
5. *nāsti-nānātva-samjñā*: Ele não percebe a diferença entre a condição deturpada do *samsāra* e o caráter pacífico do *Nirvāna*, não realizando conceituações a respeito.
6. *nāsti-apratisamkhyopeksā*: Ele não é impensadamente indiferente ao ensinamento quando se apresentam local, momento e pessoa adequados. Os *Dharmas* especiais acima recaem na categoria da conduta.
7. *nāsti-chandahānih*: Ele sempre deseja que a abundância de seus sentimentos de amizade e compaixão venha a pousar de modo regular e contínuo sobre aqueles que sofrem.
8. *nāsti-vīyahānih*: embora as terras de Buda sejam tão numerosas quanto os grãos de areia no Ganges, ainda assim os Budas sã imbuídos de tal energia que se houver apenas uma pessoa que possa ser beneficiada, um deles dirigir-se-á até ela para dar seu auxílio sem qualquer decréscimo em suas forças.
9. *nāsti-smrttihānih*: Ele é sempre capaz de lembrar a forma do funcionamento mental alheio e saber qual o meio hábil (*upāya*) correto para conduzir as pessoas no caminho, mostrando assim que a me-

mória de um Buda não sofre desgaste.

10. *nāsti-samādhihānih*: Sua mente está sempre bem concentrada e fixada na essência de todos os *dharmas* (vazio). Por possuir esta virtude, Ele jamais se separa desta penetração à natureza da realidade.
11. *nāsti-prajñāhānih*: Nos seres existem muitos tipos de manchas e, para a destruição destas, um Buda expôs, a partir de Sua sabedoria, 84.000 seções do *Dharma*. Embora exponha tais seções, Sua sabedoria não se exaure.
12. *nāsti-vimuktihānih*: um Buda obteve a libertação na qual há a cessação de todas as obstruções, e este estado de libertação jamais pode ser por ele abandonado.

Estes seis *dharmas* especiais pertencem à categoria de *bodhi*.

13. *kāya-karma*: constitui o *karma* corpóreo de um Buda difundir raios de luz do corpo e permanecer constantemente atento às quatro posições (*iryāpatha*) – caminhar, estar em pé, sentar e deitar.
14. *vāk-karma*: conhecendo as diferentes inclinações dos seres, um Buda profere o *Dharma* apropriado. Este é o *karma* do discurso de um Buda.
15. *cittakarma*: o *karma* mental de um Buda é a contínua permanência em sentimentos de amizade e compaixão. Os três *Dharmas* acima são de especial pertinência do *karma*.

16-18.

Os três últimos referem-se à penetração desimpedida, por um Buda, nos *Dharmas* do passado, presente e futuro, sem que haja qualquer apego a eles; relacionam-se ao conhecimento de todos os tempos e pertencem à categoria do conhecimento ou *jñāna*.

IX. O conhecimento Onicognoscitivo (*sarvajñā-jñāna*)[113]. Neste caso, a palavra "*sarva*" indica os agregados, entradas e elementos, pois, à parte destes, não há qualquer outro *dharma* a ser encontrado. Um Buda possui o conhecimento dos mesmos de forma direta e não através de reflexão ou especulação. É isto que se denomina conhecimento onicognoscitivo e, em razão de tudo conhecer, ele é chamado Aquele que Tudo Conhece. No que tange a este conhecimento, um Buda dispõe de virtudes maravilhosas e ilimitadas, verdadeiramente difíceis de serem descritas de forma adequada.

Mencionei acima que as virtudes mentais de um Buda eram de dois tipos: pertinentes ao conhecimento e à compaixão. Dos nove grupos apontados, há vinte e uma virtudes no lado do conhecimento (todas as incluídas nos grupos I, II e III, mais as três últimas, nos grupos VIII e IX). A seguir, procederemos à explicação de Grande Compaixão.

O percurso que vai desde a Senda de Acumulação até a de Serenidade assemelhada ao Estado Adamantino, pertinente à senda de Desenvolvimento (Meditação), é simplesmente denominado a Senda do Treinamento (*shaiksamārga*), pois, em todos estes níveis, um *Bodhisattva* carece de treinamento para a continuidade de seu avanço. Na medida em que progride nesta Senda do Treinamento, um *Bodhisattva* desenvolve crescente compaixão, auxiliando, desta forma, tanto os seres quanto a sua marcha ascendente em direção ao Budado. No total desdobramento desta grande compaixão ocorre o atingimento da iluminação perfeita, razão pela qual o Senhor Buda é denominado "O que é Imensamente Compassivo". Tal consecução é também denominada a Senda do Não Treinamento"(*asaiksa-mārga*), isto é, onde não há mais esforço necessário ao treino. A compaixão flui com naturalidade e sem esforços quando um iluminado vê os sofrimentos, em verdade inúmeros, dos seres. Tanto estes quanto suas multíplices experiências de *duhkha* são incontáveis, não havendo limites para ambos assim como não há limites no céu. Seja agora no presente, no passado, ou entre seres que aparecerão no futuro, todos têm, tiveram e terão a experiência do *duhkha* em uma ou outra forma. Tendo conhecido todos estes seres, um Buda torna-os objeto de sua grande compaixão, irradiando-a sempre sem qualquer esforço, de maneira que o mundo seja beneficiado com a ausência de obstruções.

Uma vez comentadas as três espécies de virtudes do Buda, passamos agora ao quarto e último grupo:

Virtudes do *karma*. As virtudes supremas e especiais do *karma* de um Buda podem ser divididas em duas categorias: *nirābhoga-karma* (*karma* não considerado) e *avicchinna-karma* (*karma* não interrompido).

O primeiro destes, cuja tradução literal é a "ação que não é considerada", aponta aquilo que ocorre sem esforços, ou ainda aquela ação que é realizada em conformidade à natureza das circunstâncias. Embora um Buda seja visto no exercício das quatro posições (do corpo) e dos poderes psíquicos, ainda assim ele não necessita fazer esforços para realizá-los. Não obstante, seu propósito se cumpre quando, ao vê-los, os homens aptos no treinamento vivenciam o surgimento de *bodhicitta*.

Na mente de um *Tathāgata* não aparece o pensamento "devo ensinar este ou aquele tipo de *Dharma* a esta ou àquela pessoa"[114]. O que ocorre é a fluência bastante natural dos muitos ensinamentos de acordo com as inclinações dos homens a serem treinados. Tal constitui uma característica especial deste tipo de *karma*.

Na mente de um Buda não aparece qualquer pensamento indicando que ele deveria beneficiar os seres no mundo. O que na verdade ocorre é que, em vista das virtudes de sua grande compaixão, ele estabelece os homens nas raízes hábeis e assim os beneficia em caminhos tanto mundanos quanto supermundanos. Esta constitui outra característica especial de seu *karma* desprovido de esforço.

Deveria ser entendido que as ações, físicas ou verbais, realizadas pelas pessoas comuns, são precedidas com certeza pelo pensamento que conduz à sua consecução. E, de fato, sem tal pensamento prévio, nenhuma ação intencional deste tipo pode ser efetuada. Ora, para a pessoa que pratica a Senda do Treinamento e nela progride, a quantidade de tais considerações prévias diminui cada vez mais na medida em que ele avança pelos vários níveis existentes. Tais considerações prévias podem ser ainda encontradas, em uma forma grosseira, até o ingresso no oitavo nível, sendo que daí ao décimo as reflexões grosseiras são pacificadas e não mais surgem, como, por exemplo, quando um *Bodhisattva* ministra ensinamentos aos outros. Assim, o bem do mundo é obtido sem esforço nos últimos três níveis, embora mesmo ali se deixem, todavia, ficar, antes do cumprimento dos *karmas* corpóreo e verbal, algumas considerações sutis. É portanto impossível denominá-las "não consideradas". Enquanto persistirem as obstruções ao conhecimento (*jñeyāvarana*), descobrir-se-ão pensamentos de um tipo sutil, predecessores à ação. Porém, quando forem integralmente destruídos no décimo nível, o fluxo deste *karma* não considerado não se depara com quaisquer bloqueios.

A segunda entre as virtudes do *karma,* denominada ininterrupta, recebe este nome porque as ações de um Buda fluem sem quaisquer interrupções. Para explicar isto, podemos considerar o treinamento de outro ponto de vista, aquele relativo aos dois fardos a serem acumulados por um *Bodhisattva*: o do mérito e o do conhecimento (*puniya* e *jñāna-sambhāra*). Sob o primeiro encontram-se agrupadas cinco das seis perfeições, ao passo que a sexta, a perfeição da sabedoria, constitui o segundo fardo. Por meio daquele é obtido o corpo da forma de Buda, e por meio deste há o atingimento do corpo do *Dharma*. Partindo do firme acúmulo destes fardos através dos vários níveis, um *Bodhisattva* chega à realização do Budado, após o que existe um contínuo fluxo do *karma* (originário dos infinitos recursos acumulados).

O elemento da mente (*citta-dhātu*), também chamado o útero dos *Tathāgatas* (*tathāgata-garbha*), é incorrupto por natureza, mas está encoberto pelas manchas e suas tendências (*klesha, vāsanā*), as quais são advertências[115]. Por esta razão, sua destruição é possível, não impossível. Em sua grande compaixão, o Senhor Buda indicou os caminhos e meios pelos quais a pessoa pode libertar-se de todas as manchas mentalmente corruptivas. Tal é o fluxo do *karma* ininterrupto do Senhor Buda, fruto de sua compaixão.

Uma vez brevemente explicados a Verdade Dual,
os três Conjuntos do Conhecimento Sagrado,
o Treinamento Tríplice,
a Senda da Prática através dos Três Veículos e
o quaternário Corpo do Buda com suas virtudes,
chegamos ao fim.
Que este livro possa ser de auxílio na difusão
do conhecimento do *Dharma* do Senhor Buda
nos quatro cantos do mundo e
possam todas as pessoas dele beneficiar-se.

A transcrição deste livro foi finalizada no *Wat Bovoranives Vihāra*, em Bangkok, na auspiciosa ocasião do dia de *Pavāranā* (Dia da Admoestação), a Lua Cheia de Assayuja, 2509 anos após o Grande *Parinirvana*.

(29 de outubro de 1966)

Notas ao Texto

(As notas assinaladas com "H" foram traduzidas da versão hindi)

1. O exame do *dharmas*, ocorrências de experiência mental e sensorial, em si constitui sabedoria e conduz à sabedoria maior (*prajñā*), de modo que a experiência seja entendida em termos de habilidade, inabilidade (*kushala, akushala*), mundanalidade, supermundanalidade (*laukika, lokottara*), bem como de outros pontos de opostos e classificações. Quando desenvolvida em sua íntegra, esta é a sabedoria que conduz além (até o *Nirvāna*) e é denominada *Prajñā-pāramitā*. Tal é a sabedoria dos Budas. Faz parte de tradição budista que na página inicial de um livro, onde são explicados os ensinamentos do Senhor Buda, proceda-se a uma saudação que expresse respeito, ou o entendimento analítico ou, ainda, a sabedoria que conduz ao que está além. (H)

2. É dito que a duração total do ensinamento de Gautama, o Buda, é de 5000 anos. Esta foi organizada pelos eruditos em dez divisões, cada uma de 500 anos durante os quais:

2.1 Daqueles que praticam o *Dharma* muitos se tornam *Arhats,* daí a denominação Tempo dos *Arhats;*

2.2 Daqueles que praticam o *Dharma* muitos se tornam *Anāgāmi,* daí a denominação Tempo dos que Não Retornam;

2.3 Daqueles que praticam o *Dharma* muitos se tomam *Shrotāpanna,* daí a denominação Tempo dos que Ingressam na Corrente:

Os três acima, somando juntos 1500 anos, recebem a denominação de Tempo de Iluminação (*bodhi-kāla*);

2.4 As pessoas em geral possuem muita sabedoria (*prajñā*): Tempo de Sabedoria;
2.5 As pessoas em geral dispõem de muita serenidade (*samādhi*):
Tempo de serenidade;
2.6. As pessoas em geral possuem muita virtude (*shīla*): Tempo de Virtude:
Estes três receberam o nome de Tempo de Esforço (*sādhana-kāla*);
2.7. As pessoas estão interessadas no *Abhidharma*: Tempo do *Abhidharma*;
2.8. As pessoas estão interessadas nos *Sūtras*: Tempo do Discurso;
2.9. As pessoas estão interessadas no *Vinaya*: Tempo de Disciplina
Estes três recebem o nome de Tempo das Escrituras (*āgama-kāla*);
2.10. *Jina-mātradhārana*: neste período a audiência e a prática estão quase perdidas, e a pessoas apenas simulam os sinais da vida santa e conduzem-na indignamente.

(Embora classificações deste tipo sejam também encontradas nos comentários do *Theravāda*, não são encontradas nos Discursos do Canone Páli, onde o espírito dominante é: "se a pessoa praticar com diligência e correção, ela poderá alcançar o mais elevado", seja qual for o tempo em que estiver inserida. Para uma obra Páli semelhante, retratando a gradual decadência do ensinamento, ver o último (e não canônico) *Anāgatavamsa*, parcialmente traduzido em *Buddhist Texts*, editado pelo Dr. E. Conze.) (H)

3. Neste *Bhadrakalpa* ou Eon Auspicioso aparecerão em *Jambūvīpa* (a terra do jambo rosa, isto é, a Índia, antes

significando apenas a parte meridional nos antigos quatro continentes da antiga geografia indiana) 1008 Budas na forma do corpo Criado (*nirmānakāya*). Houve três Budas anteriores a Gautama, os Senhores Krakucanda, Kanakamuni e Kāshyapa; o Senhor Gautama foi o quarto, e 1004 devem surgir no futuro. (Segundo e *Theravāda*, este Eon Auspicioso terá cinco Budas: os três acima sendo os do passado, Gautama o do presente e *Āriya Metteyya* (em sânscrito, *Ārya Maitreya*), que ainda é um *Bodhisattva* no reino celestial de Tusita. Este último é o único buda futuro que costuma receber um nome. Outras fontes pális fornecem os nomes de outros Budas, passados e futuros, porém não deste eon). (H)

4. *Dharma* – uma palavra com muitas significações. Provém da raiz "dhr", que tem o sentido de sustentar, sendo portanto o *Dharma* aquilo que sustenta os esforços da pessoa que pratica em conformidade a ele. O *Dharma* é a Lei a qual governa o surgimento, a existência e o desaparecimento de todos os fenômenos físicos e psicológicos. O *Dharma* é também a forma tradicional de referir-se ao ensinamento do Senhor Buda.

5. *Duhkha* – um termo importantíssimo. Costuma ser traduzido por "sofrimento", sendo este palavra, no entanto, inadequada. Preferimos ou o termo "insatisfação", mais preciso, embora ainda tolhendo o real significado, ou mantemos o vocábulo no original. O *Duhkha* pode ser físico (dor) ou mental (angústia). Refere-se desde os fatos de "nascimento, velhice, doença e morte" até os tão comuns "pesar, lamentação, dor, angústia e desespero", "associados ao que não se gosta", "separados do que se gosta" e a "não obtenção do que se quer." Os próprios componentes de nossa personalidade estão entremeados com *duhkha*, pois nós nos ligamos a eles (como sendo "eu", "meu"). "O *duhkha* deveria ser entendido dentro dos "próprios" mente e corpo da pessoa, pois quando isto ocorre ela conhece a

verdadeira felicidade. Neste caso, as passagens entre aspas sempre constituirão citações das palavras do Senhor Buda.

6. Os famosos versos de abertura no *Dhammapada*: "Os acontecimentos são precedidos pela mente, a mente é principal, produtos da mente é o que são..." A primazia da mente possui também boa ilustração na Roda do Vaguear Contínuo (*samsāracakra*), onde é descrita como o remador do barco, sendo o corpo um mero passageiro passivo.

7. Veja *Maha-Nidāna-Sutta*, o Grande Discurso sobre a Causação, *Digha-nikāya* (Extensos Discursos do Buda), *Sutta* 14, na explicação dos sentimentos (*vedanā*).

8. Veja *Sabbāsava-Sutta*, o Discurso sobre Todos os Problemas, *Majjhima-nikāya* (Discursos de Média Extensão), *Sutta* 2.

9. Vergonha e Medo de Culpa: "Dois claros pontos, os *Bhikksus* protegem o mundo. Quais são eles? Vergonha e medo de culpa..." (*Anguttara-nikāyā*, 11.7).

10. *Punarbhāva*, cuja tradução literal é "vir a ser novamente". Esta tradução literal preserva a ênfase budista quanto ao caráter dinâmico e mutante dos estados psicológicos, uma psicologia que opera sem referência a entidades estáticas hipotéticas como alma, *ātman* etc. "Reencarnação" é um termo bastante alheio ao pensamento budista, pois pressupõe aquilo que se corporifica outra vez. Até mesmo o termo renascimento aparece apenas para a clareza de expressão (nos textos encontra-se tão somente a palavra "*jāti*" nascimento), e o termo "vir a ser novamente" aponta a profundidade do significado com maior precisão.

11. Os quatro grandes elementos (*mahābhūta*) são terra, água, fogo e ar ou, de acordo com sua caracterização nos comentários da antiguidade, solidez, coesão, temperatura e movimento.

12. *Sabhāvavāda*, "doutrina segundo a qual o Universo foi produzido e é mantido pela natural e necessária ação

de substâncias, a qual ocorre de acordo com as propriedades inerentes destas últimas e não por interferência de um ser supremo." (Apte, Dicionário de Sânscrito).

13. Veja *Mahākammavibhanga Sutta*, o Grande Discurso sobre a Análise de *Kamma*, *Majjhima-nikāya* (Discursos de Média Extensão), *Sutta* 136: A visão, presente no conhecimento incompleto, de que "verdadeiramente todos (que tenham cometido as dez ações más e inábeis) após morrer nasce em bom destino..."

14. Dois ou três volumes escritos por um *yogi* hindu, sob o título de *Experiences of a Yogi*, publicados em Ahmedabad, Gujarat, Índia, fornecem uma boa e contemporânea ilustração para isto. A partir de suas descrições, torna-se evidente que o autor praticou até as absorções de forma e de não forma (*rūpa* e *arūpa-dhyāna*): não tendo encontrado uma libertação final que fosse irreversível, acabou se desesperando por ter chegado a este ponto e declarou a inexistência de tal estado.

15. Na forma literal, toda a mente (*citta*) surge de outra mente (*citta*), porém encontra-se aqui melhor traduzido por "estado mental".

16. Neste caso, três teorias são invalidadas: *ahetukavāda*, *īshvara-nirmānahetu* e as ideias dos *Cārvāka* (materialistas indianos).

17. Veja *Anguttara-nikāya*, 1. 5. 9-10: "Essa mente, oh *bhikhus*, é radiante, porém, corrompida (no homem comum) por manchas adventícias. Esta mente, oh *bhikshus*, é radiante e está liberta (no nobre discípulo) das manchas adventícias".

18. Como no caso em que os *Cārvāka* afirmam que os insetos nascem da sujeira. Compare com a crença do medievo no Ocidente segundo a qual cogumelos eram magicamente produzidos ou, ainda, a crença dos antigos horteleiros que viam nas tempestades de raios a causa para a

praga na plantação de batatas.

19. Há ainda a técnica da regressão hipnótica. Ver também *Twenty Cases Suggestive of Reincarnation* (Estudos da Sociedade Americana para a Pesquisa Psíquica, 1966), do Dr. Ian Stevenson da Escola de Medicina de Virgínia, e a história de Mr. Francis, *The Case for Rebirth*, Wheel Publications, nºs 12-13, Buddhist Publication Society, Kandy, Ceilão.

20. Toda a forma de ensinamento budista oferece dois caminhos para a prática. Um deles objetiva a lenta acumulação de méritos no decorrer de muitas vidas até que, em um futuro distante, o *Nirvāna* seja alcançado. Na tradição tibetana isto é ilustrado pelos Veículos das Perfeições e pelo caminho defendido nos *Mahāyāna Sūtras* (maioria deles). No *Theravāda* é encontrada uma tradição bastante similar no que tange à prática dos leigos (e de alguns *bhikshus*), os quais são encorajados à obtenção de méritos para a realização de bons nascimentos futuros. A diferença só pode ser vista aqui se as Perfeições forem primeiramente desempenhadas de maneira altruísta (difícil de ser encontrado) e se o mérito for acumulado de maneira egoísta (porém, com frequência, é dedicado a todos os seres em terras do *Theravāda*). A outra forma constitui o ataque direto aos problemas de ignorância e desejo, o qual costuma ser empreendido por discípulos monásticos (embora, é claro, não esteja de modo algum interditado aos leigos). Na tradição tibetana isto corresponde às técnicas de meditação *Vajrayāna*, por meio das quais a pessoa torna-se um *siddha* (o que está completo) nesta vida. Exemplos para tal são encontrados nas vidas do Mahāsiddha Naropa e de Jetsun Milarepa. A tradição *Theravāda* também enfatiza muito o acesso direto, pois nas palavras do Senhor Buda, preservadas nos *Suttas*, são frequentes as exortações endereçadas (em sua maioria) a *bhikshus*, incitando-os à consecução de um dos nobres fru-

tos (*āryaphala*) ainda nesta vida. Enquanto os praticantes dos *Tantras* cultivam a reclusão nas montanhas, o sério praticante do *Theravāda* dirigia-se, e ainda o faz, para a floresta. Modernos Instrutores de meditação *Theravāda* mantêm a mesma abordagem. Observe, por exemplo, a observação do falecido Venerável Chao Khun Upāli (Siricando): "Se um budista não puder tornar-se pelo menos O que Ingressa na Corrente ainda nesta vida, dir-se-ia que ele, de fato, desperdiçou toda a sua existência".

21. Veja *Sutta Nipāta*, versos 885-6. pergunta, "...há muitas e variadas verdades?", o Senhor Buda responde: "A Verdade, realmente, não é nem variada nem divergente." O Senhor Buda também declara (verso 884): "A Verdade é uma só".

22. Esta falha foi acrescentada pelo venerável tradutor da edição hindi, para a qual ele fornece como fonte o *Aryabhisandhinirmocana Sūtra*.

23. A tradição escolástica do *Theravāda* encara a visão da real natureza dos *dharmas* como pertencente à Verdade Absoluta, pois tal visão deve vir acompanhada do discernimento (*vipastyanā*). Contudo, fontes mais práticas naquela tradição, como os Instrutores de meditação, ensinam que a pessoa não deveria intricar-se nos detalhes dos comentários e em suas subdivisões, mas sim investigar os *dharmas* dentro da "própria" continuidade material-mental. Observe o *Dhammapada*: Todos os *dharmas* são *anattā* (sem alma própria e, portanto, vazios).

24. [Nenhuma nota na edição original].

25. *Avijñapti-Rūpa*: o Dr. E Conze, em seu *Buddhist Thought in India*, Allen e Unwin, p. 181, diz o seguinte sobre este assunto um tanto complexo: "Este é um termo para as marcas ocultas em nossa estrutura corporal as quais são causadas por ações tais como o cometimento de assassinato, a adoção de discípulos, a realização de *dhyāna* ou a vi-

são da verdade na Senda. Transformam um homem em um tipo de pessoa diferente e continuam a crescer até que sua recompensa ou punição seja obtida. Um ato volitivo pode manifestar-se de maneira externa ou material em gestos e palavras. Ao mesmo tempo, a ação boa ou má pela qual a pessoa é responsável pode resultar em uma modificação não manifesta e invisível em sua estrutura material – como, por exemplo, se ela pactuar para a morte de alguém sem contribuir abertamente com palavras ou atos".

26. *Samskāras* associados à consciência: onze, presentes em toda a consciência (*mahābhūmika-dharma*); dez qualidades hábeis (*kushala-mahābhūmika-dharma*); seis qualidades maculadas (*klesha-mahābhūmika-dharma*); duas qualidades inábeis (*akushala-mahābhūmika-dharma*): dez qualidades hábeis limitadas (*upaklesha-parittabhūmika-dharma*) e oito indeterminadas (*aniyat-bhūmika-dharma*).

Samskāras dissociados da consciência: quatorze *samskāras* imateriais, mas não associados à consciência. Incluem: posse, não posse, nascimento, continuação, decadência e impermanência.

Para exposição exaustiva do *Theravāda Abhidharma* veja *Abhidhammatthasangaha* (várias traduções inglesas disponíveis).

27. Ensinamento Duodécuplo (*dvādashānga-shāsana*):

27.1. *Sūtra*: a palavra do Senhor Buda, em prosa, a qual pode ser facilmente entendida.

27.2. *Geyya*: dizeres prosaicos entremeados com versos.

27.3. *Vyākarana*: exposições, por *bhikshus* eruditos, dos discursos breves proferidos pelo Senhor Buda.

27.4. *Gāthā*: dizeres versficados e metrificados, tais como o Dhammapada e outros.

27.5. *Udāna*: decorações, inspiradas, incluindo o livro *Udāna*.

27.6. *Itiyukta*: dizeres que iniciam com "pois foi dito que", incluindo o livro *Itiyukta* (páli: *Itivuttaka*).
27.7. *Jātaka*: histórias do nascimento do *Bodhisattva* que se tornará Senhor Buda, como *Vishvantara, Mahāgovindiya, Sudarshana.*
27.8. *Adbhutadharma*: fatos e qualidades maravilhosos e extraordinários relatados em alguns *Sūtras*.
27.9. *Vaidalya*: análises sutis comunicadas por discípulos especialmente desenvolvidos. Os *Sūtras Mahāyāna* foram incluídos sob este padrão. O *Theravāda* conhece os nove *angas* acima (em páli: *Sutta, Geyya, Veyyākarana, Gātha, Udāna, Itivuttaka, Jātaka, Abbhutadhamma, Vedalla*). Os três remanescentes são encontrados em *Sarvāstivāda* e *Mahāyāna*:
27.10. *Nidāna*: material introdutório que precede um discurso.
27.11. *Avadāna*: lendas *Apadāna* sobre as vidas anteriores de grandes discípulos (ver em páli).
27.12. *Upadesha*: instrução sobre os *dharmas* profundos e misteriosos. Os *Tantras Vajrayāna* foram incluídos sob este padrão.
28. As Quatro Nobres Verdades (*Āryasatya*):
28.1 A Verdade da Insatisfação *(duhkha)*
28.2 A Verdade da Origem do *(duhkha)*
28.3 A Verdade da Cessação do (*duhkha*)
28.4 A Verdade da Senda de Prática que conduz à cessação do *(duhkha)*.
28.5 O Surgimento Dependente (*Pratīya-samutpada -páli*, 12 *Nidānas*):
"A ignorância (*avidyā*) condiciona formações *de karma,*
28.6 As formações de *karma* condicionam a consciência,
28.7 A consciência condiciona a materialidade-men-

talidade,
28.8 A materialidade-mentalidade condiciona as seis entradas,
28.9 As seis entradas condicionam o contato,
28.10 O contato condiciona o sentimento,
28.11 O sentimento condiciona o desejo,
28.12 O desejo condiciona a apreensão,
28.13 A apreensão condiciona o vir a ser,
28.14 O vir a ser condiciona o nascimento,

O nascimento condiciona a velhice, a morte, o pesar, a lamentação, a dor, a angústia e o desespero. Assim surge toda esta massa de *duhkha* mais uma vez no futuro."

29. *Svalaksana* (característica individual) possui vários significados – uma característica própria a determinado fenômeno, assim como o calor é uma característica especial do fogo. Pode ainda significar uma condição de existência independente de tempo e espaço. As propriedades naturais ou independentes de um fenômeno *svalaksana*, e, ao negar este último, estabelece-se a verdade do vazio *Sāmanyalaksana* tem também mais de um significado. Uma caraterística comum a todos os fenômenos é uma característica geral, como a impermanência, de todos aqueles que são condicionados.

30. Dever-se-ia fazer uma distinção cuidadosa entre a atitude cética enraizada na ilusão (*moha*), a qual constitui, portanto, um impedimento à prática, e o questionamento e a investigação do *Dharma* nascido do segundo tipo de sabedoria, *cintāmaya-Prajñā*, a reflexão ou sabedoria pensante. A primeira é obstrutiva e deveria ser assim superada, ao passo que a segunda constitui grande auxílio, devendo ser assim desenvolvida. No discurso aos *Kālāmas* de Kesaputta, o Senhor Buda usou a investigação com grande habilidade

para superar as barreiras do ceticismo daquele povo. Ver *Anguttara-nikāya*, III. 65. Livro dos Três.

31. Ver *Dhammacakkappavattana Sutta*, o Movimento de Roda do *Dharma*, a primeira instrução dada pelo Senhor Buda aos cinco ascetas no Parque dos Veados em Isipattana (*Sārnath*), próximo a Benares. A recensão páli é encontrada no *Samyutta-nikāya*, V. 421-3, e a sânscrita esta disponível no *Mahāvastu*, III. 331. As traduções de ambas foram realizadas pela Páli Text Society, sendo que a primeira possui uma versão da Buddhist Publications Society.

32. A Coleção *Vinaya* dedica-se sobretudo àqueles que partiram para uma vida sem lar, de forma que estes prazeres, os quais violam a disciplina dos *bhikshus*, sejam permissíveis e os budistas leigos dentro dos limites de abstenção. Tais limites constituem os Cinco Preceitos, assumidos voluntariamente, e o conhecimento, proveniente da própria experiência, quanto àquilo que não é hábil e macula a mente.

33. No *Abhidhamma Theravāda* são distinguidas duas variedades de Crença Dogmática *(abhinivesa* – em sânscrito): a crença dogmática induzida pelo desejo do corpo enquanto "pertencente a mim", e aquela induzido por visões (errôneas)(*ditthābhinivesa* – em sânscrito, *drstābhinivesa*), que é a crença na existência de *ātman*, alma etc. O Venerável Ledi Sayadaw, em seu *Vipassanā-dīpanī*, afirma: "*Abhinivesa* significa a crença... estabelecida na mente de maneira tão firme e imóvel quanto o são os umbrais, pilares e monumentos na Terra.". Ver a edição da Buddhist Publications Society.

34. Ver o comentário (29).

35. Às vezes denominado *Hīnayāna*, que é, contudo, um termo inadequado e de procedência histórica dúbia, sendo evitado sempre que possível. *Srāvakayāna*, o Veículo dos Discípulos, é uma palavra mais adequada pois

os *shrāvakas* ou grandes discípulos do Senhor Buda, tais como o Venerável Sāriputra e o Venerável Maudgal-yāyana, são reverenciados em todos os países budistas.

36. Esta definição *Mahāyāna* do treinamento da virtude está em perfeito acordo com os princípios *Theravāda*. É interessante observar que "desmerecer o *Srāvakayana*" (e encorajar outros a aprenderem o *Mahāyāna* apenas) constitui ao mesmo tempo uma ofensa básica e comum para os que assumiram os *Bodhisattvas samvara-shila* (os preceitos de abstenção do *Bodhisattva*). Afinal, o sentimento de superioridade que resulta do desmerecimento representa orgulho ou presunção (*māna*), uma potente mancha mental.

37. Conforme a explicação especial de Sua Santidade o Dalai Lama, os dois tipos de serenidade mencionados aqui são: *gagana-gañja* (significando "depositário infinito"). Desde o primeiro nível (*bhūmi*) de um *Bodhisattva,* e como resultado deste *samādhi,* ele tem a capacidade, por meio do poder mágico, de providenciar o que for necessário às pessoas. Tal poder, no entanto, refere-se, sobretudo, no décimo nível. *Sūrangama,* o outro tipo, significa "eficaz na destruição do mal". Em termos gerais, isto se refere ao conhecimento (*jñāna*) que vai do primeiro ao décimo nível, incluindo-os. Tal conhecimento é potente na destruição das manchas mentais, se tiver sido fraco do ingresso nos dez níveis. Mas ele refere-se, principalmente, ao décimo, onde é muito poderoso e destrói todas as manchas.

38. Ver *Vinaya Pitaka,* V. 164, onde este mesmo ensinamento figura com detalhes.

39. Três Veículos (que levam os seres à iluminação). Este é um conceito distintamente *Mahāyāna,* não sendo encontrado no Cânone Páli.

40. Um iogue hindu pode acender cinco fogos para o norte, o sul, o leste e o oeste, guardando o ponto central para nele sentar-se. Ele se posiciona ali ao meio-dia, quan-

do o Sol atinge seu zênite, e tal é o quinto fogo para a realização integral deste ato de autossuplício. Em outro lugar, também, onde o amor ou o temor e o desejo formarem a base da moralidade, ver-se-á que a inabilidade é utilizada para fortalecer a conduta moral.

41. São eles: celestiais (*devas*), titãs (*asuras*), homens (*manusyas*), espíritos famintos (*pretas*), animais (*tiryagyonis*) e espectros infernais (*narakas-sattva*). Veja as notas 43 e 70.

42. É importante que se tenha uma ideia clara sobre o que se quer dizer por *karma*. Uma definição sucinta e famosa, feita pelo Senhor Buda, será suficiente. O *karma* de um Buda possui outro significado (q.v.). "Oh *bhikhus*, eu digo que volição (ação intencional) é *karma*." Ver *Anguttara-nikāya*, VI. 63.

43. *Apāya-Bhūmi*: os estados de pesar ou privação, em número de três: espíritos famintos (*pretas*), animais (*tiryagyonis*) e espectros infernais (*nirāyakas*). Estes não constituem imaginações fantásticas e sim representam experiências daqueles que tornaram a inabilidade tão forte dentro de si mesmos a ponto de suas mentes não serem mais humanas. Portanto, estes seres submergem para vivenciar estados subumanos.

44. Uma análise de preceitos semelhante é encontrada no *Theravāda*, embora o número de fatores para cada preceito varie de três a cinco.

45. Dever-se-ia observar, contudo, que a predominância de uma raiz não exclui a presença de outra. Assim, tanto a ganância quanto a aversão (que juntas não podem estar presentes em um mesmo momento de consciência) baseiam-se na ilusão e não ocorrem sem ela. Porém, sendo as primeiras reflexos uma de outra, onde se encontrar uma delas a outra certamente aparecerá. Na verdade, com relação à sua predominância na consciência, elas podem alterar-se com rapidez, fazendo com que o observador inexperiente

tenha a impressão de sua coexistência em um mesmo momento. Sua alternância revelar-se-á pela análise. O ato de matar por piedade pode estar enraizado na ilusão. O verdadeiro assassínio, seja por qual motivo for, está enraizado na aversão, sem a qual, assim esta explicado no *Theravāda*, a vida não pode ser destruída.

46. *Upavasatha*, o dia de dupla recorrência no mês lunar (o décimo-quarto dia – Lua Cheia, e o primeiro dia – Lua Nova) em que o *Prātimoksa Sūtra* das regras de disciplina básica é recitado por *bhikshus* e pelos leigos que observam, por um dia e uma noite, os oito preceitos *Upavasatha*. Ensinamento especial é ministrado aos leigos que costumam passar o dia dentro de *vihāra* ouvindo, lendo ou meditando sobre o *Dharma*. Os leigos, por sua vez, fazem nestes dias oferendas especiais (de alimentos e outras provisões) aos *bhikshus*.

47. Refere-se ou às realizações terrenas ou às supermundanas. Um *bhikshu* pode vangloriar-se pela falsa realização de um *dhyāna* ou do estado de *Arhat* etc. Se o fizer, terá cometido a quarta ofensa da categoria da Derrota (*pārājika*, e não poderá mais ser encarado como um *bhikshu*, devendo abandonar a ordem e nunca mais nesta vida retornar a ela. Os leigos que disserem tal mentira têm apenas um péssimo *karma* a vivenciar.

48. *karma* de Imediação (*ānantarika-karma*) ou o *karma* que causa destino imediato, de tal modo que, no momento de sua morte, o agente é levado a um renascimento subumano muito doloroso, experimentando um dos infernos.

49. Ver teorias expostas no início do *Sāmaññaphala Sutta* no *Dīgha-nikāya, Sutta*. Principalmente as visões de *Purāna Kassapa* (*akiriyavāda*) e *Ajita Kesakambalin* (*ucchedavāda*).

50. No *Theravāda* apenas duas classes de pessoas observam os preceitos denominados *Pātimokkhas*: os *bhikshus* e as *bhikshunis* (monges e monjas). Neste momento, não há

bhikshunis nos países do *Theravāda,* de forma que apenas os *bhikshus* praticam o *Pātimokkha.* Enquanto que alguns destes preceitos são também observados por noviços (*samaneras*), a palavra "*Pātimokkha*" jamais é usada no *Theravāda* para abranger seus preceitos, tampouco aqueles relativos aos leigos.

51. No *Theravāda,* o noviço possui dez preceitos e deveria também observar as cinco regras concernentes à má conduta grosseira (tais quais as cinco primeiras regras *sanghadisesa* para *bhikshus*) e as setenta e cinco que se referem ao treinamento (*sekhi-yavatta*).

52. No *Theravāda,* os preceitos dos *bhikshus* são 227 em número: 4 *Pārājika,* 13 *Sanghādisesa,* 2 *Anyata,* 30 *Nissaggiya Pācittiya,* 92 *Pācittiya,* 4 *Pātidesanīya,* 75 *Sekhiya,* 7 *Adhikarana-samatha.*

53. Deveria ser claramente entendido que os preceitos dos *bhikshu* e das *bhikshuni,* na verdade todos esses preceitos *Pātimokkha* são derivados do *Srāvakayāna* (da escola *Mūla-Sarvāstivada*) e diferem daqueles relativos ao *Theravāda* somente em pontos de menor importância. Os *bhikshus* tibetanos são portanto *bhikshus Sar-vāstivāda,* pertencendo ao *Mahāyāna* na medida em que praticam seus ideais e leem seus textos. Existem *bhikshunis* hoje na China (Formosa), na Coreia e no Vietnã.

54. O *Mahāmangala Sutta* situa-os entre as mais elevadas bênçãos, ou seja: "*samananānca dassanam* – o frequentar os *samanas*" (*bhikshus*) e "*kālena dhammasavanam* – o ouvir o *Dharma* no momento devido".

55. O termo "*citta*" costuma ser traduzido por "mente", mas, na verdade, significa a total experiência emocional-mental de que se está consciente, bem como aquela de que não se tem consciência. Ele compreende: sentimentos (agradáveis, dolorosos e nem um nem outro): percepção, memória (de objetos: visíveis, audíveis, perceptíveis pelo

olfato, degustáveis, tangíveis; objetos mentais); atividades volitivas (tais como aquelas associadas à consciência e aquelas dela dissociadas) e consciência. Quando traduzimos "*citta*" por mente, deveríamos recordar esta significação implícita, própria ao pensamento budista.

56. Às vezes, traduzida por "meditação". Este termo, contudo, possui significação demasiado vago para ser utilizado no *Dharma*.

57. *Nirvārana* – os cinco impedimentos: desejo sensual, má vontade, indolência e torpor, ansiedade e remorso, ceticismo. Todos constituem obstruções à consecução das absorções (*dhyāna*).

58. Os Elementos Terrenos (*dhātu*) de sensualidade, forma e não forma. O primeiro destes compreende, desde o mais "inferior" (nível espiritual) até os "ascendentes": os infernos, animais, espíritos famintos, homens e celestiais do reino sensual. No elemento terreno da forma são encontrados os celestiais de *Brahmaloka* (os deuses de *Brahmā*), bem como aqueles agora em seu último nascimento na condição dos que não retornam (*anāgāmi*), os quais atingem o *Nirvāna* nas Moradas Puras, os planos mais elevados deste elemento terreno. O elemento terreno da não forma compreende quatro estados de existência conhecidos como infinidade do espaço etc. O nascimento nestes planos está em rígida conformidade com o próprio *karma*: se a pessoa permitir que sua mente seja dominada pela luxúria, 'nascerá' como animal: se a pessoa mantiver os Cinco Preceitos, ela é um ser humano e nascerá como tal; se fizer esforços no treinamento, nascerá no nível onde obteve êxito no decurso do treinamento de sua mente. É apenas através da correta aplicação da sabedoria que se pode ir além dos três elementos terrenos para vivenciar o *Nirvāna*. Segundo a cosmologia budista, há inúmeros elementos terrenos (*lokadhātu*) dispersos através do espaço. Em nossos dias, eles seriam denomi-

nados galáxias, mas o termo moderno e materialista não leva em conta a vasta extensão das possibilidades de vida conhecidas pelos budistas.

59. É importante observar este ponto e acautelar-se quanto a Instrutores de meditação que enfatizem ser o "discernimento" por si só suficiente. Alguns deles oferecem "métodos» que «garantem» a iluminação, o discernimento etc. dentro de um período de prática delimitado, sendo que outros ainda oferecem uma série de estágios graduados e "interpretam" o progresso de um discípulo, por suas pequenas experiências, como representando este ou aquele conhecimento da clara visão (*vipashyanā-jnāna*).

60. A Clara Visão (*vipashyanā*), em conjunto com os cinco agregados, é desenvolvida como a própria base da pessoa, sendo algum aspecto destes últimos o objeto da mesma. Os estados de absorção e seus acessos tendem a produzir, naquele que medita, toda sorte de visões, experiências extáticas, poderes jamais alcançados etc. Tais fatos fascinam e desviam-no da senda da prática a qual, para um budista, deve conduzir ao interior, para a natureza dos cinco agregados e não ao exterior, na direção de tais distrações. A pessoa que medita deve abandonar todas estas experiências e usar a mente concentrada para penetrar as marcas dos cinco agregados: impermanência, *duhkha*, ausência de *ātman*, vazio.

61. Na Tradição *Theravāda*, os cinco Impedimentos opõem-se à entrada nos estados absorvidos, mas aqueles, por sua vez, antagonizam-se um a um, pelos Cinco Poderes: a confiança (*shraddhā*) opõe-se ao desejo sensual (*kāmacchanda*), a energia (*vīrya*) à mà vontade (*vyāpāda*); a atenção (*sati*) neutraliza indolência e torpor (*thīna-middha – styāna-middha*, em sânscrito): e serenidade (*samādhi*) faz oposição à ansiedade e remorso (*uddhacca-kukucca*); a sabedoria (*paññā*) opõe-se ao ceticismo (*vicikiccā*).

62. Para a clara descrição deste processo ver a grande prancha ilustrada, preparada pelo Conselho para Assuntos Religiosos e Culturais de Sua Santidade o Dalai Lama, reproduzida em miniatura.

63. Denominada "lahutā" (em sânscrito, *laghutā*), leveza, e agrupada, no *Theravāda Abhidhamma*, juntamente com tranquilidade, suavidade (flexibilidade), adaptabilidade, proficiência e retidão tanto dos fatores corporais quanto dos mentais.

64. As Sendas Nobres que constituem a entrada nas realizações nobres Daquele que Ingressa na Corrente, Daquele que Retorna Uma Vez, Daquele que Não Retorna e do *Arhat*, O que é Digno.

65. Ver os comentários (57) e (61).

65. Nos *Suttas Pális*, é a seguinte a passagem, muitas vezes repetida, sobre o primeiro *dhyāna*: "Afastado dos objetos sensuais, oh *bhikshus*, afastado dos estados mentais inábeis, o *bhikhu* ingressa na primeira absorção que é acompanhada pela concepção do pensamento (*vitakka*) e pelo exame do pensamento (*vicāra*), o qual nasce do desapego e é repleto de alegria e bem-aventurança (*pīti-sukha*)".

67. A Segunda Absorção: "Após o silenciar da concepção e do exame do pensamento, e atingindo a tranquilidade interior e unidirecionalidade da mente, ele ingressa em um estado livre de concepção e do exame, a segunda absorção a qual nasce da serenidade (*samādhi*) e é repleta de alegria e bem-aventurança".

68. A Terceira Absorção: "Após o gradual desaparecimento da alegria, ele se encontra na equanimidade, atento e com a consciência clara; ele vivencia em sua pessoa aquele sentimento sobre o qual os *Āryas* dizem: 'Feliz vive o homem de equanimidade e mente atenta', e, assim, ele ingressa na terceira absorção".

69. A Quarta Absorção: «Após ter abandonado o pra-

zer e a dor, e por meio do desaparecimento de antigas alegrias e tristezas, ele ingressa em um estado além do prazer e da dor, a quarta absorção que é purificado pela equanimidade (*upekkhā*) e pela atenção (*sati*)".

70. Os Deuses ou seres celestes existem em muitos planos (que não estão "lá em cima" no céu, mas que constituem variações de experiência devidas a diferenças de *karma* que são diferenças dos órgãos dos sentidos, possuindo, portanto, percepções variadas) e distinguem-se como segue:

70.1 Mundo Sensual:

catur-mahārājika-deva: celestiais dos Quatro Grandes Reis.
trāya-trimshā-deva: celestiais dos Trinta e Três.
yāmā-deva
tusitā-deva
nirmānārati-deva
paranirmata-vashavarti-deva.

70.2 Mundo da Forma:

brahmā-parisadya
brahmā-purohita
mahabrahma

70.3 Seres renascidos acima com *dhyāna* débil, médio ou o primeiro *dhyāna* forte:

parīttābha
apramānabha
ābhāsvara

70.4 Seres renascidos acima com *dhyāna* débil, médio ou o segundo *dhyāna* forte:

parītta-shubha
apramāna-shubha
shubhākrtsna

70.5 Seres renascidos acima com *dhyāna* débil, médio ou o terceiro *dhyāna* forte:

vehapphalā, seres renascidos aqui com o quarto *dhyāna.*
asañjnisattva, seres desprovidos de percepção.
shuddhavāsa, as Moradas Puras.

Aqueles que desenvolveram as realizações da não forma e a mente concentrada com a finalidade da percepção renascem no segundo *dhyāna,* ao passo que a terceira classe é apenas para os que não retornam, os quais tornar-se-ão *Arhats* e obterão a plenitude final naquele estado.

71. As pessoas que aderem à visão de *ātman* podem vir a conceber a forma física como eles mesmos. Tal é a visão inata de *ātman* retida no agregado da forma. Outros podem "sentir" que possuem uma alma, sendo esta uma visão inata de *ātman* retida no agregado do sentimento. A memória fortalece a noção do "eu", e, assim, ocorre a retenção enquanto agregado da memória da percepção. Outros ainda descrevem alma como "aquilo que vê" por detrás dos órgãos dos sentidos, o que ocasiona a retenção no agregado da consciência. As visões conceituadas de teólogos e filósofos (retidas no agregado da volição), são, é claro, mais sutis, sempre sustentadas por meio de argumentos sofistas.

72. Se a existência de *ātman* estiver à parte, ou for diferente dos cinco agregados, então estes não poderão constituir uma análise exaustiva da personalidade, conforme reivindicada pelo Senhor Buda e pelos Instrutores desta tradição; porém isto não se manteria nem por observação empírica nem por meio de sondagem da penetração que resulta da perfeição da sabedoria por discernimento (*vipasyanā*). Mais

uma vez, sendo independente, *ātman* não poderia estabelecer quaisquer associações permanecendo, portanto, incognoscível de qualquer forma. E se sua existência não for diferente ou não estiver à parte dos cinco agregados, não poderá ser independente. Percebe-se assim uma contradição.

73. A surpreendente declaração do Senhor Buda (*Samyutta-nikāya,* XII. 47); "Todos os *samanas* e *brahmins* que concebem um "eu" (*ātman*) em muitas formas, concebem-no enquanto os cinco agregados, ou enquanto um deles." Em conjunto com esta seção dever-se-ia também ler "O Discurso sobre o Símile da Cobra"(*Majjhima-nikāya,* 22) nos nºs 48-49 de Wheel Publications, de Buddhist Publication Society, Kandy, Ceilão.

74. Ver o comentário 28. Todos estes fatores condicionantes surgem de modo dependente (não apenas por meio de causa e efeito) e estão baseados na formulação breve de Originação Dependente, que é "Este ser, que é, do aparecimento dele, aquilo surge. Este não ser, que não é, da cessação dele, aquilo cessa". São portanto desprovidos da natureza do "eu", baseando-se em outros fatores para seu surgimento e declínio, logo, integralmente vazios.

75. "Elevado" e "inferior" são usados no sentido de relativa libertação ou ligação, felicidade ou sofrimento. As alturas espirituais estão associadas a desenvolvimento, felicidade e grande libertação (ainda que não final). As profundezas de degradação (relativas à vida no inferno enquanto um animal ou espírito faminto etc.) estão relacionadas à retração da mente e de suas capacidades, à infelicidade e a severas limitações.

76. A respeito do *duhkha* o Senhor Buda diz que "ele deveria ser entendido", salientando este fato em muitos discursos, em vista da tendência humana, enraizada nas manchas, de não querer ver *duhkha* ou voltar-se contra sua

visão. Ele pode ser compreendido com referência aos outros, mas seu entendimento deve ocorrer no interior da mente e do corpo se houver o desejo de atingir a libertação do *Nirvāna*.

77. Méritos, (*punya*), "aquilo que limpa e purifica". "Por exemplo, a doação e a generosidade purificam a mente da avareza, a conduta moral purifica a mente das más ações intencionais, e o desenvolvimento da mente ocasiona o crescimento da mesma e a redução dos maus desejos. A reverência purifica a pessoa da arrogância, promovendo humildade, ao passo que o auxílio purifica-a da fria indiferença, promovendo compaixão. O regozijo pela felicidade alheia purifica a pessoa da inveja enquanto fomenta *muditā* (alegria solidária). A dedicação dos próprios méritos para o benefício alheio proporciona a purificação do desejo da própria salvação apenas (sem preocupar-se com a dos outros), ocasionando o interesse no bem-estar de outras pessoas. O ouvir o *Dharma* purifica a pessoa da distração na medida em que fortalece a concentração. O ensinamento do *Dharma* torna a pessoa livre do egoísmo em relação ao conhecimento e promove o sentimento de amizade. Tornar retas as próprias visões purifica aquele cujas visões levam ao desvio (do *Dharma*), ao passo que promove visões na direção do *Nirvāna*. Estas são as dez formas de produção do mérito as quais costumam ser ensinadas nos países do *Theravāda*, todas elas essenciais à prática budista equilibrada.

78. Após a Senda do Esforço, a pessoa ingressa na Senda da Visão e, no momento em que o faz, queimam-se instantaneamente todas aquelas manchas que devem ser destruídas nesta última, pois tal Senda da Visão é comparada ao fogo. A presente Senda do Esforço possui uma parte importante na consecução daquela: seu primeiro estágio é denominado "*usmagatā*" (calor), pois nele, por meio do desenvolvimento da sabedoria de não possuir *ātman* como

objeto, há um aquecimento das manchas a serem mais tarde destruídas. Quando este aquecimento se intensifica no estágio do *uysmagatā*, recebe o nome de "*murdhāna*" (culminâncias) – o segundo estágio. Depois disto, alcancança-se o estado do *kshānti* (paciência), assim denominado pois é capaz de tornar extremamente aquecidas as manchas que se vão destruir na Senda da Visão. Uma vez cumprido isto, a pessoa, com certeza, atinge a Senda da Visão, e, tendo chegado ali fecham-se os portais do nascimento em reinos de pesar (*apāya-bhūmi*). Alcançam-se os *dharmas* terrenos supremos (*agradharma*) e, na condição Daquele que Ingressa na Corrente (*shrota-āpanna*), inicia-se o progresso através dos níveis transcendentais (*lokottara-bhūmi*).

79. As Cinco Faculdades Hábeis (*kushalendriya*) são: confiança, energia, atenção, serenidade e sabedoria. No momento em que se tornam poderes orientadores do caráter de um indivíduo, tais faculdades são denominadas os Cinco Poderes. Confiança e sabedoria (*shraddhā-prajñā*) e serenidade de esforço (*vīrya-samādhi*) constituem dois pares, e é preciso equilíbrio perfeito no desenvolvimento dos mesmos se houver o desejo de tornar-se um budista completo; "Declaro que a atenção (*smrti*), oh *bhikkhsus* é sempre útil" (*Samyutta-nikāya*, 46, 53).

80. As Quatro Nobres Verdades em dezesseis aspectos:

80.1 aceitação da verdade *do Duhkha* no reino de sensualidade;

80.2 convicção sobre esta Verdade;

80.3 que isto seja verdadeiro também para o Reino da Forma;

80.4 bem como para o da Não Forma;

80.5 aceitação da verdade do Surgimento do *Duhkha*;

80.6 convicção sobre esta Verdade;

80.7 que isto seja verdadeiro também para o Reino

da Forma;
80.8 bem como para o da Não Forma;
80.9 aceitação da verdade da cessação do *Duhkha;*
80.10 convicção sobre esta verdade;
80.11 que isto seja verdadeiro também para o Reino da Forma;
80.12 bem como para o da Não Forma;
80.13 aceitação da verdade da Senda da Prática que conduz à cessação do *Duhkha;*
80.14 convicção sobre esta verdade;
80.15 que isto seja verdadeiro também para o Reino da Forma;
80.16 bem como para o da Não Forma.

É evidente que estes têm a função de meditações da visão interior, as quais produzem a renúncia no vaguear permanente (*samsāra*).

81. Aqui é descrita a senda supermundana. Esta Senda Óctupla, no entanto, pode também ser (como no *Theravāda*) a própria base do dia a dia comum da vida budista. A explicação dos oito fatores fornecidos aqui difere quase que totalmente daquela encontrada *no Sutta Pitaka* Páli. Para estas explicações do *Sutta*, ver *Word of the Buddha* pelo Venerável Nyānatiloka Mahāthera, Buddhist Publication Society, Kandy, Ceilão.

82. Conforme foi apontado, este fator será equivalente ao *ariyavācā* (discurso nobre) em páli, o qual está também relacionado com o *Dharma* e conduz aqueles que o ouvem e aplicam a grandes ganhos, mesmo no que tange ao tornar-se um nobre ser (*ārya*): ver "*Dīgha-nikaya*", *Sutta* 33, v, xxv. (A Recitação, Diálogos do Buda, vol. III).

83. São simples as divisões da Senda encontradas nos Discursos Páli: os primeiros dos fatores sabedoria

(*prajñā*), os três seguintes – virtude (*shīla*), e os três últimos – serenidade (*samādhi*): abarcando, assim, toda a extensão do Treinamento Tríplice.

84. Estas Seis Perfeições são:

84.1 *dāna*	doação (generosidade)
84.2 *shīla*	virtude
84.3 *ksānti*	paciência
84.4 *vīrya*	energia
84.5 *samādhi*	serenidade
84.6 *prajñā*	sabedoria

São encontradas dez perfeições na literatura páli mais recente:

84.1 *dāna*	doação
84.2 *shīla*	virtude
84.3 *nekkhamma*	renúncia
84.4 *paññā*	sabedoria
84.5 *adhitthāna*	determinação
84.6 *vīriya*	energia
84.7 *khanti*	paciência
84.8 *sacca*	veracidade
84.9. *mettā*	amizade
84.10 *upekkhā*	equanimidade

Em ambos os casos estas virtudes servem à apuração daquele que aspira tornar-se um Buda praticando a senda do *Bodhisattva*. As últimas também são ministradas e praticadas nos países do *Theravāda*, sendo que as histórias do *Jātaka* fornecem ótimo material ilustrando a senda do *Bodhisattva*.

85. "Todos os Seres"é uma expressão que pode possuir diversas significações. Desde já é preciso lembrar que até mesmo um Buda só é capaz de conduzir todos os seres educáveis à libertação. Um bom exemplo de um ser ineducável está no asceta desnudo Upaka, a quem o Senhor Buda encontrou após a iluminação em seu caminho para Benares, no Parque dos Veados em Isipattana. É improvável que sejam capazes de entender o *Dharma* os seres com poucas raízes de mérito e demasiada ilusão (*moha*). A expressão "todos os seres" também recebeu uma interpretação bastante prática, quando usada por alguns Instrutores de meditação. Salientaram, sobretudo, que se trata da variedade de "pessoas" diferentes que aparecem no caráter de alguém. Assim, a pessoa gentil, a pessoa enfurecida, generosa, mesquinha e assim por diante – todos aspectos do próprio caráter de alguém, os quais deveriam ser conduzidos ao *Nirvāna*. Ou pode-se usar a explicação em termos das seis esferas do nascimento, todas em condição potencial e muitas vezes real na mente de alguém (celestiais, homens, titãs, espíritos famintos, animais e espectros infernais). Ou ainda, a percepção dos "seres" que devem ser conduzidos ao *Nirvāna,* toma lugar onde? Na própria mente da pessoa.

86. O progresso do *Bodhisattva* que esta reunindo méritos encontra-se bem ilustrado no *Jātaka,* ou histórias do Nascimento, que são relatadas como as vidas anteriores de Gautama, o Buda. As pessoas costumam alegar o caráter duvidoso destas últimas, questionando se se tratam ou não de nascimentos prévios do Buda. A verdade é que, ao fazê-lo, elas estão interpretando erroneamente todas estas histórias que constituem lições de conduta nobre e altruísta.

Como se costuma aprender melhor com os exemplos dos personagens nas histórias do que com a leitura de tratados, estes *Jātakas* e outras histórias budistas deveriam ser lidos com o espírito de "o que posso aprender destas histórias que seja aplicável em minha própria vida?"

87. Nos estados meditativos em que é capaz de fazer isto, a pessoa precisa ter em mente duas ideias as quais parecem ser, a princípio, opostas: em primeiro lugar, seja qual for o caso, é hábil demonstrar respeito pelo *Dharma* e ouvi-lo, e é muito hábil se a pessoa estiver interessada nos Budas; em segundo lugar, que todos os Budas e *Bodhisattvas* são afinal percebidos na própria mente da pessoa. Contudo, a pessoa tem respeito por eles como um meio de desenvolver humildade e habilidade na ausência do *Dharma*.

88. Ver a nota (1).

89. Existem relatos interessantes sobre *bhikshus* em todos os países budistas os quais educaram homens grosseiros e incontroláveis. Ainda de maior interesse são as histórias de *bhikshus* que educaram animais, ministrando os Refúgios e os Preceitos de modo que dali em diante estes animais viveram de maneira pacífica sem molestar os outros.

90. Aqui há uma comparação interessante com o *Arhat* que é também capaz de modificar seus sentimentos como lhe aprouver. Tal poder, denominado *Ārya-iddhi* (*Ārya-siddhi*, em sânscrito) (magia nobre), só é possuído por seres nobres, e entre eles encontram-se os *Arhats*. Aquele que ingressa na realização da cessação (*nirodha-samāpatti*) também não pode ser afetado pelo fogo nem sofrer o perigo das armas. Outra característica daquele que prática e obtém êxito com a amizade (*mettā-maitrī*, em sânscrito) é o fato de ele estar protegido contra o fogo, os venenos e as armas. É claro que tanto o *Bodhisattva* quanto o *Arhat* praticaram e cumpriram a totalidade do sentimento de amizade para com todos os seres.

91. *Catu-Sangaha-Vatthu* (em sânscrito, *catur-samgraha-vastu*): um grupo de *dharmas* muitas vezes mencionado no Cânone Páli como a forma da prática para o nobre discípulo, *Āriyasavaka*, sendo também sua marca). Estas quatro bases costumam constituir o tema de discursos proferidos aos leigos no Sião, onde são muito valorizadas como as qualidades do verdadeiro budista.

92. Ver a nota (84).

93. Aqui é encontrado um paralelo interessante no que tange a todas as escolas de prática budista: "Pratique nesta vida, obtenha nesta vida", o qual poderia ser o lema de todos os Instrutores de meditação budistas, sigam eles as tradições do *Theravāda*, do *Vajrayānā* ou do *Ch'an* (Zen).

94. Esta é a prática com o auxílio da forma de um ser celeste Buda, *Bodhisattva* ou algum deus protetor, constituindo também sua escolha. Os detalhes e métodos variam e devem ser obtidos de um Instrutor, mas em essência todas as práticas assemelham-se ao que é ensinado no *Theravāda*, pois auxiliam a pessoa a compreender que os cinco agregados são vazios e que os *dharmas* em que podem estar divididas também são vazios. Pode ser observada grande semelhança entre estas práticas do *devayoga* e as antigas práticas que empregam discos coloridos (*kasina*). Para isto, ver a Senda da Purificação (tradução inglesa do *Visuddhimagga*), Semage and Co., Colombo, Ceilão.

95. *Kriya-Tantra*: Que instruiu sobre os rituais e modos exteriores de adoração para o acúmulo de méritos, sendo adequados aqueles cujas faculdades são embotadas. O *ubhayacaryā-tantra* possui tanto instruções rituais quanto algumas práticas interiores de desenvolvimento da mente. O *yoga-tantra* inclui um maior número de instruções para a prática da meditação, contendo poucas concernentes ao ritual, ao passo que os *Anuttarayoga-tantra* são para os detentores de faculdades mais agudas e concentram-se tão somente na serenidade e na percepção do vazio interiores.

96. O mesmo caráter confidencial é encontrado com frequência no *Theravāda* quando um Instrutor dá orientações de meditação para um discípulo. Isto não ocorre em virtude da necessidade de ocultar algo (motivo pelo qual o uso da palavra "segredo" deveria ser evitado), e sim porque, em dada ocasião, os pupilos, individualmente, precisam de atenção individual.

97. Esta frase, desprovida de quaisquer ambiguidades, deveria ajudar a desfazer as visões tão errôneas que muitas pessoas têm com relação às práticas do *Tantra* no *Vajrayānā*. Mesmo de professores muito bem preparados ouviu-se a observação de que é possível, por meio da prática do *Tantra*, chegar ao Budado sem abdicar do que quer que seja, isto sem mencionar as visões confusas dos menos informados. É árduo o caminho daquele que deseja praticar com seriedade, assim como o são todas as sendas no *Dharma*. Antigamente, no Tibete, os *Tāntrikas* costumavam retirar-se por anos a fio em moradas solitárias, tais como cavernas nas montanhas. Na essência, esta prática invalida as visões equivocadas.

98. Isto em si significa que práticas de meditação avançadas são para os que "avançaram", no sentido budista, ou seja, os que possuem fortes raízes de habilidade e personalidade estável. Aqueles que ainda não chegaram a este ponto devem iniciar pelos estágios inferiores, porém não menos essenciais, da produção de méritos, tais como a generosidade e a manutenção dos preceitos em um estado puro.

99. Se houver o desejo de praticar a meditação, é preciso dispor de um Instrutor. Até mesmo se a pessoa quiser estudar um tratado budista, é desejável que ela tenha um Instrutor para orientá-la na tradição, devendo ser esta, contudo, quase sempre acompanhada pela meditação. A marca principal de um bom Instrutor é a de que ele já tenha maestria no que quer que ensine. Mantras e rituais fascinam, mas não constituem características necessárias ao Instrutor. O necessário à realização de algum progresso ao longo da senda é que se receba orientação de um Instrutor o qual já a tenha ele mesmo trilhado.

100. Este é outro ponto importantíssimo. Há os que imaginam ser os preceitos mantidos apenas no *Theravāda*, acreditando que o *Mahāyāna* negligencia esta parte; no en-

tanto, rigor e negligência não dependem do "*yāna*", mas sim daquele que o ministra. Outros ainda creem que os *Tantras* oferecem uma senda espiritual onde não é exigida a conduta moral, podendo-se, por conseguinte, fazer o que se quiser. Nenhuma destas ideias sequer assemelha-se à verdade. Na tradição budista, é sempre verdadeiro dizer que "quanto mais intensivo o treinamento, tanto mais rígidos os preceitos". Sejam *bhikshus* de Dhūtanga na selva siamesa, sejam monges Zen em seus templos, ou *Tāntrikas* nas alturas de seus monastérios, todos devem, em virtude de seus esforços, manter puros os preceitos.

101. Tal como em um dos muitos pergaminhos tibetanos pintados, ou sob a forma de imagens, todos podem ser utilizados como apoio exterior. Em momento posterior, a visualização desta mesma imagem será completa no interior. Ver o comentário (12).

102. Nos Discursos Pális são discerníveis as sementes das quais se originou este ensinamento. Para o *Dharmakāya*, existem raras afirmações como "Aquele que vê o *Dharma*, vê a mim"(*Samyutta-nikāya*, III. 120). E o *Sambhogakāya* parece estar relacionado com o corpo do Buda, o qual exibe as trinta e duas marcas de uma grande pessoa. É óbvio que, como o *Sambhogakāya*, elas não eram visíveis por todos, mas por apenas algumas pessoas. O *Rūpakāya* do *Nirmānakāya* encontraria seu equivalente no corpo comum visto por todas as pessoas, a forma física do Gautama que se sentava para meditar, que caminhava para colher o alimento e assim por diante, a qual, nas palavras do Senhor Buda, não poderia ser identificada (*Samyutta-nikaya*, III. III e IV. 383) como sendo o Buda. Alguns Instrutores de meditação salientaram a importância prática deste ensinamento, encontrando-se de todos os três (ou quatro) corpos de um Buda dentro da própria mente da pessoa.

103. Os Trinta e Sete *Bodhipaksikadharma* (*varga*) abrangem os seguintes grupos:

4 Aplicações da Atenção	(*smrtyupasthāna*)
4 Esforços Corretos	(*samyrkprahāna*)
4 Sendas para o Poder Psiquíco	(*rddhipāda*)
5 Faculdade	(*indriya*)
5 Poderes	(*bala*)
7 Fatores da Iluminação	(*bodhyanga*)
8 Senda Óctupla	(*mārga*)

Para uma explicação no *Theravāda* ver o Buddhist Dictionary (Dicionário Budista), editado no Ceilão por Frewin & Co, Colombo.

104. O continente meridional do antigo sistema terreno indiano.

105. Esses costumam constituir a temática de belos conjuntos de ilustrações em pergaminhos.

106. Uma história similar, porém não canônico, constitui a razão para serem encontrados Budas suntuosamente adornados em Burma e no Sião: um príncipe arrogante foi subjugado pelo Senhor Buda após este último ter-se transformado em um "imperador da justiça universal" (*cakravarti-rāja*).

107. Nos comentários do *Theravāda,* ele é denominado Santussita *Devarāja.*

108. Ver *Majjhima-nikāya,* I. 395, onde é dito que o *Tathāgata*:

> não expressa o que é falso, inútil, desagradável,
> não expressa o que é verdadeiro, inútil, desagradável,
> expressa, sim, no momento correto, o que é verdadeiro, útil, desagradável,
> não expressa o que é falso, inútil, agradável,
> não expressa o que é verdadeiro, inútil, agradável,
> expressa, sim, no momento correto, o que é verdadeiro, útil, agradável.

109. Nos *Suttas Pālis* ver *Anguttara-nikāya,* V. 32ff. *Majjhima-nikāya,* V. 32ff.; I. 69; e *Milindapañha,* 105, 285. São bastante similares, porém, não exatamente iguais aos apresentados neste livro.

110. Nos *Suttas Pālis* ver *Majjhima-nikaya,* I. 71ff. Estas quatro são exatamente as mesmas que em Páli.

111. Nos *Suttas Pālis* ver *Majjhima-nikāya,* III. 221, para uma apresentação similar.

112. Para estes, ver *Anguttara-nikāya,* IV. 82, onde o "modo de ganhar a vida" é mencionado como um quarto fator no grupo.

113. Quanto à questão do conhecimento onicognoscitivo (em Páli, *sabbaññutānāna*), torna-se claro, a partir de um estudo dos textos pális mais antigos, que neles o Senhor Buda jamais reivindicou onisciência. Tratados Pális ulteriores, tais como o *Patisambhidāmagga,* contêm relatos elaborados sobre como o Buda é onisciente. No *Majjhima-nikāya,* I. 482, o Senhor Buda especificamente rejeita o fato de ser onisciente e capaz de tudo ver, ao passo que evidencia possuir o conhecimento tríplice (*tisso vijjā*).

114. O mesmo espírito é encontrado no *Majjhima-nikāya* onde o Senhor Buda rejeita o fato de precisar refletir antes de ensinar.

115. Ver nota (26).

Nestes comentários as referências aos textos Pális são aquelas fornecidas pela Pali Text Society, localizada em Londres. Visto que a maioria destes textos agora receberam uma tradução para o inglês, poderão ser lidos também nesta língua. Também importante, na condição de fonte de informações fidedignas sobre o "*Dharma*-Raiz", é a Buddhist Publication Society com sede em Kandy, Ceilão. Para leituras adicionais sobre a Vida de Sua Santidade o Dalai Lama, ver *My Land and My People* (Minha Terra e Meu Povo) (Asia

Publishing House, Bombaim e Palas Athena, São Paulo). A fim de obter orientações quanto a obras de credibilidade sobre a forma tibetana do *Dharma,* bem como sobre questões gerais relativas ao Tibete, escreva para Bureau of His Holiness the Dalai Lama, 15 Link Road New Delhi 14. Índia

ou para:

Council of Cultural and Religious Affairs
of H. H. the Dalai Lama
Gangchen Kyishong, Sessions Road
Dharamsala, District Kangra,
Himachal Pradesh
India.

Notas dos Tradutores da Edição em Inglês

Este livro de Sua Santidade o Dalai Lama foi escrito com o intuito de fornecer informações àqueles desejosos de conhecer algumas facetas básicas do *Buddhadharma* no Tibete. Além disso, aborda vários pontos de importância prática para os que querem progredir na senda do *Dharma*. O livro ainda esclarece uma série de ideias estranhas e distorcidas com relação às formas tibetanas do *Dharma*.

Neste texto, os tradutores gostariam de tornar claros determinados pontos para maior comodidade dos leitores. Em primeiro lugar, existe a forma na qual o livro veio a ser traduzido e o método de tradução em si. Ano passado (25/08/1965), durante o período da Época das Chuvas, três *bhikshus* encontravam-se regularmente no *Wat Bovoranives* (mosteiro) para a tradução, do tibetano, de algumas pequenas obras budistas. Neste grupo, o Venerável Thubten Kalsang Rinpoche, natural do Tibete, o Venerável Nagasena, da Índia, e o autor (*Bhikshu* Khantipalo), da Inglaterra. Alguns dos frutos de seus trabalhos figuraram em um livro intitulado *The Wisdom Gone Beyond*, publicado por The Social Science Press em Bangok, Tailândia. Entre os seus conteúdos estão as traduções, do tibetano, de *The Letter of Kindheartedness* (Suhrllekha) por Ācārya Nāgarjuna, e dois livros de símiles do *Dharma* com o título *Trees and Water*. Concluídos estes, os tradutores questionaram-se sobre quais outros trabalhos poderiam ser empreendidos.

O livro aqui traduzido havia sido escrito em tibetano, algum tempo antes, por Sua Santidade o Dalai Lama, e logo foi vertido para o hindi, após várias solicitações para que fosse colocado à disposição dos povos indianos. Kazi Sonam Topgay, intérprete de Sua Santidade, havia iniciado a trabalho de traduzir a obra, em sua íntegra, para o inglês, mas tal tarefa não foi completada. Nesta conjuntura o Venerável Thubten Kalsang Rinpoche, o qual estava em contato com Sua Santidade e havia recebido do Conselho para Assuntos Culturais e Religiosos de S.S. o Dalai Lama tanto a tradução hindi quanto a versão inglesa parcial, veio a ter com o Venerável Nagasena e o autor a fim de solicitar que ajudássemos a traduzir esta obra para a língua inglesa.

Assim aconteceu que, para nossa finalidade de tradução, o Venerável Rinpoche tinha o texto tibetano, meu venerável amigo, *Bhikshu* Nagasena, encarregou-se da versão hindi, e o autor empunhava o texto datilografado em inglês. Das duas últimas versões, a tradução hindi de um venerável Lama na Índia, a qual havia sido preparada por um famoso erudito em sânscrito, mostrou considerável tendência à elaboração, por vezes extensa, de frases as quais no original eram bastante breves [Foi este o fato que motivou a nova edição da Editora Wisdom, de Londres, que usa o texto mais sintético. – N.E.]. No entanto, isso nos foi muito proveitoso, na medida em que o original tibetano fora muito sucintamente escrito em determinadas partes. Assim, incorporamos uma série dessas explicações, onde estas se fizeram necessárias, para os leitores da versão inglesa. Na tradução hindi também encontramos algumas transformações de locuções muito típicas daquela língua, e como não puderam ser verificadas quando cotejadas com a versão tibetana, tomamos o cuidado de omiti-las aqui.

Por outro lado, o texto em inglês, pronto em aproximadamente três quartos de sua extensão, manteve-se fiel à brevidade do original. Porém, por ter aquela tradução requerida extensa ampliação bem como equivalências corretas para os termos budistas, tomou-se algum cuidado quanto à sua utilização. Contudo, frases e expressões foram retiradas do trabalho quando expressavam de forma mais adequada o sentido desejado.

Quanto ao método de tradução em si, procedeu-se da seguinte maneira: o Venerável Rinpoche e o Venerável *Bhikshu* Nagasena dirigiam-se aos aposentos do autor em uma hora predeterminada. O primeiro, sendo mais fluente em hindi do que em inglês, preparava sua própria versão do original tibetano o qual, frase por frase, era confrontado, pelo Venerável Nagasena, com o texto impresso em hindi. Este procedimento deu origem, vez por outra, a discussões sobre pontos obscuros ou difíceis, alguns dos quais não podiam ser solucionados em tailandês e foram apenas por fim desvelados na Índia, quando o texto foi devolvido à Sua Santidade o Dalai Lama para conferência.

O trabalho de tradução continuava com a leitura, pelo Venerável Nagasena, de uma versão literal no inglês que conservava todos os termos técnicos budistas em sânscrito, em sua maioria familiares para nós. A versão literal, em conjunto com qualquer questão explanatória considerada necessária, foi então acrescentada às breves anotações do autor. Permaneceu nestas observações a lápis até a abertura do templo estabelecida pelo governo tailandês e pelo *Samgha* em Londres. Por ocasião da volta do autor, as anotações foram escritas por extenso no que se espera ser um inglês legível. A íntegra do trabalho foi então reescrita, incorporando-se correções tanto no conteúdo quanto no estilo, bem como acrescentando-se os comentários. O *Bhikshu* Pasadiko, meu venerável amigo, esmerou-se na leitura da obra, sugerindo melhorias adicionais e corrigindo imprecisões nos sinais diacríticos do sânscrito. A tradução final foi verificada pelo Venerável Rato Rinpoche e pelo Senhor Gyatsho Tshering, do Conselho para Assuntos Culturais e Religiosos de Sua Santidade o Dalai Lama.

Algo deve ser dito aqui sobre as notas. Com exceção da segunda e outras poucas, são de inteira responsabilidade do presente autor – e ele suplica o perdão dos estudiosos quanto às falhas ali contidas. As poucas notas que não foram feitas pelo autor são de autoria do Venerável tradutor da edição hindi. Nestas notas, além de serem explicadas questões que obviamente pedem maior desenvolvimento, fez-se a tentativa de relacionar, com frequência por comparação, mas não raro por contraste, os caminhos e as categorias do *Dharma* no Tibete com aqueles encontrados no *Theravāda.* A razão para tal não é apenas o sentimento, entre diversos budistas, de que temos muito mais pontos em comum do que a dividir-nos, e de que na verdade podemos distinguir um grande volume de ensinamentos práticos e básicos os quais poderíamos denominar *Dharma*-Raiz. A razão reside também no fato de que muitas pessoas estão comparativamente familiarizadas com as traduções do Cânone Páli (*Tripitaka*). Isso é sobretudo verdadeiro no que tange à abundância de Discursos do Senhor Buda ali preservados e que formam a base tanto para os ensinamentos *Theravāda* quanto para os relativos à tradução *Sarvāstivāda,* na forma como ainda são ministrados enquanto os famosos *Abhidharmakosha.* Portanto, foram fornecidas referências a estes Discursos (*Sutta*) onde tópicos idênticos ou similares são abordados nesta obra.

Quanto às ilustrações que ornam a obra, nosso objetivo foi o de selecionar imagens do Budismo tibetano sendo praticado nas mais diversas formas possíveis. Em livros ocidentais, podem-se encontrar ilustrações de arte e cultura tibetanas, mas não são frequentes as imagens da prática do *Dharma.* Procuramos retificar essas omissões. As lâminas de *thankas* coloridas, fotografadas no Sião e gentilmente trazidas da Índia, quando Sua Santidade e comitiva visitavam aquele país, mostram vários estilos descritos no texto que lhes acompanha.

A seguir, existe a questão de como tratar com os termos técnicos nesta obra, traduzidos do tibetano para o sânscrito. Foram com frequência deixados no corpo do texto, acompanhados, assim esperamos, de uma tradução inglesa adequada. É essencial a familiaridade pelo menos com os termos básicos comumente utilizados no *Dharma*, e como vários deles não podem ser expressos com muita precisão em inglês, seus originais sânscritos deveriam ser lembrados. Faz-se necessário um esforço para entender a abrangência de seu significado. Em alguns casos, estes termos foram deixados sem tradução (*Buddhadharma, dharma, duhkha* etc.), com comentários acrescentados à sua primeira ocorrência. De qualquer forma, o uso repetido possibilita uma familiarização com estes poucos termos. O inglês não é adequado para algumas expressões comuns ao treinamento budista, mas esperamos que, se o *Dharma* intensificar-se em países de língua inglesa, este idioma acabará por absorver um número cada vez maior destes vocábulos, como já foi observado em algumas línguas do Budismo oriental.

Agora uma palavra sobre a leitura e organização deste livro. O autor sugere que se leiam primeiro as seções sobre o *Dharma* e, então, sobre o Treinamento Tríplice, que abrange Virtudes, imperturbabilidade e Sabedoria. Quando este material tiver sido lido com cuidado – e a seção sobre Sabedoria requer especial cuidado – o leitor pode voltar ao início do livro e lê-lo na ordem devida. Este livro exigirá várias releituras, e se alguém possui um Instrutor competente para explicá-lo, muitos dos assuntos aqui comprimidos em pequenas seções poderão ser iluminados por ele em toda a maravilhosa profundidade do *Dharma*.

Qualquer um que tenha estudado o *Dharma* compreenderá que se trata de um assunto técnico tendo em vista sua matéria – a mente, o corpo e o treinamento de ambos na senda para a iluminação – ser complexa e exigir uma abordagem técnica e precisa. Complicações são por vezes inevitáveis posto que a maioria dos homens em si constitui complicações de ganância, aversão e ilusão. As formas de autotreinamento e, portanto, de benefício geral, que serão descritas aqui, são na verdade todas formas básicas do *Dharma*. Constituem bons exemplos do *Dharma*-Raiz que é a herança comum tanto do *Theravāda* quanto do *Mahāyana*, pois é através da prática que a harmonia entre tradições aparentemente divergentes pode ser encontrada. A prática, uma vez examinada com cuidado, termina por não afigurar-se tão diversa quanto os livros dela isolados poderiam sugerir.

A prática de fato, e não apenas a crença, perfaz a essência do *Dharma* budista. No aqui e no agora, na vida diária ou no recolhimento, na condição de *Bhikshu* ou monja, *upāsaka* ou *upāsikā* (leigo ou leiga), é possível praticar o *Dharma* se houver o desejo para tal. Em que consiste, sucintamente, esta prática? Os primeiros passos são:

> "Refreamento do mal
> e Aumento das habilidades."

O primeiro passo é dado quando se assumem os preceitos, mantendo-os então com sinceridade e pureza. A segunda etapa é concluída através de ações bastante comuns, porém não menos essenciais, tais como generosidade para com aqueles que se deve apoiar, auxílio àqueles necessitados de assistência, respeito por aqueles que deveriam ser respeitados e amabilidade em relação a todas as criaturas vivas, humanas ou não humanas. Jamais esses passos podem ser negligenciados em favor do estudo intelectual. Nenhum volume de trabalho teórico ou de discursos substituirá a necessidade de acrescentar a habilidade dentro do próprio coração. O mérito (*punya*), ou "aquilo que asseia e purifica", é a base de toda a prática budista em qualquer parte do mundo, e cada oportunidade deveria ser explorada ao máximo para o fomento da habilidade e o decréscimo do mal, pois essa é a Senda da Pureza, e, sem ela, não pode haver expectativa de qualquer iluminação. Livros e palestras são um meio de obter informações. Tendo apreendido os fatos necessários, dever-se-ia procurar por um bom Instrutor que seja capaz de explicar como aplicar os fatos acumulados na própria vida. A prática nunca pode ser realizada apenas através do conhecimento dos livros; ela se cumpre pela aplicação do *Dharma* à própria vida da pessoa.

Assim, um budista é alguém que necessariamente desenvolve em si mesmo generosidade, disposição para auxiliar, reverência, amabilidade, paciência, contentamento e assim por diante; é alguém em quem essas qualidades possam ser vistas, mas o fato de possuir erudição apenas não tornará a pessoa necessariamente um bom budista.

Em segundo lugar, a prática budista significa o treinamento e o desenvolvimento da mente e do coração (*citta*), que costumam ser denominados "meditação". Aqui, porém, serão mais precisamente designados como "serenidade". Contudo, esta não poderá ser empreendida com êxito a menos que a pureza de mente se tenha de certa forma estabelecido pelo resfriamento do mal e o aumento das habilidades.

Como ocorre com todos os tipos de treinamento, no *Dharma* começa-se pelo início, e se alguém estiver em dúvida sobre por onde começar, esta pessoa nada terá a fazer senão praticar a abstenção e a produção de méritos, o que realmente significa começar pelo começo.

Constitui o anseio mais sincero dos tradutores que o *Dharma* Daquele que é Imensamente Compassivo possa penetrar os corações de todos os homens sábios. E confiamos que a libertação da opressão esteja próxima, muito próxima, para os povos tibetanos, a fim de que eles possam mais uma vez praticar o *Dharma*.

Apêndice

História da Difusão do *Buddhadharma* no Tibete

No Tibete, o supremo ensinamento do Senhor Buda é seguido em todos os lugares. Como há inúmeros equívocos em relação à prática do *Dharma* pelos tibetanos, sentimos a necessidade de apresentar aqui uma breve história da difusão do *Dharma* em nosso país.

Geograficamente, o Tibete é dividido em três principais regiões que compreendem U-Tsang, Do-Tod e Do-Med. Não se encontra nenhum lugar, nessas três regiões, que o *Buddhadharma* não tenha se difundido. Assim, dizemos que o *Dharma* brilha, dando luz como o Sol sobre toda a terra do Tibete.

Do ponto de vista do tempo, a história do Tibete acontece em duas partes: a antiga difusão do pensamento e a difusão posterior.

A Antiga Difusão

O trigésimo-segundo rei do Tibete foi Srong-tsen-Ganpo (que morreu em 650 d.C), que subiu ao trono aos 13 anos de idade e enfatizou, no seu período, e aspecto religioso. Graças a este rei, o *Dharma* alcançou o Tibete pela primeira vez, e, através de seus esforços, inúmeros templos foram construídos em Lhasa, Tra-Drug (sul do Tibete) e outros lugares. Ele enviou seu conselheiro, Thon-mi-Sambhota para estudar na Índia, onde tornou-se proficiente em gramática e nas várias escritas indianas. Retornando ao Tibete, ele compôs, baseado no modelo que tinha aprendido, uma escrita e oito volumes de gramática e ortografia adequada para os tibetanos.

Este rei convidou muitos sábios e *pandits* (*scholars*) budistas da Índia e do Nepal para visitarem o Tibete. Entre os que ali estiveram durante o seu reinado, os mais famosos foram os *acarya* (Instrutor) Kumāra, Brahmanashankara e Shīllamanju, do Nepal. Estes Instrutores traduziram o ensinamento original dos *Sūtras* (discursos), ou melhor, de alguns deles, juntamente com alguns *Tantras* (textos para a prática da meditação), e assim introduziram o ensinamento budista para os tibetanos. Embora o *Dharma* não fosse amplamente ensinando, o próprio rei guiou muitas pessoas afortunadas, especialmente no ensinamento do *Mahakārunika* (*Avalokiteshvara*, o Grande Compassivo).

Após o período deste sábio rei, o trigésimo-sétimo regente foi Tritsong-de tsen (756-804 d.C.)., outro governante muito justo e piedoso. Em sua mente estava a forte intensão de difundir o *Buddhadharma* através de todo o seu reino, e para isto convidou Instrutores budistas da Índia. Este convite propiciou a ida dos destacados Instrutores Upadhyaya Shantaraksita e do guru Padma Sambhāva ao Tibete. Para lá dirigiram-se, também, os Instrutores Vimalamitra, Shāntigarbha. Dharmakīrti, Buddhaguhya, Kamalashīla e Vibuddhasiddha. Estes grandes sábios Instrutores, e muitos outros, são bem conhecidos no Tibete pelo nome de 108 *pandits*. Eles traduziram muitos textos para o tibetano, trabalhando em conjunto com mestres do Tibete, tais como Vairocana, Nyag Jyānakumāra, Kawa Pal-Tseg e Chogro Lu Gyaltsen. As três principais divisões do Sagrado Cânone da Palavra do Buda – a disciplina (*Vinaya*), os discursos (*Sūtra*) e a psicofilosofia (*Abhidharma*) – juntamente com os ensinamentos tântricos, e muitos dos principais comentários, tornaram-se disponíveis, deste modo, na língua tibetana. Ao mesmo tempo, estes sábios mestres também estabeleceram residencias monásticas (*vihāras*) como sedes de ensino e local para a prática.

O próximo grande governante, após o rei Tritsong-de-tsen, foi o quadragésimo primeiro na história tibetana, o rei Tri-ral-pa-tsen (817 - 836 d.C.). Em seu reinado, ele indicou para cada monge (*bhikshu*) sete famílias para o seu sustento e construiu, também, em torno de 1.000 *vihāras*. Ele confiava muito no *Buddhadharma*; fez seus Instrutores (*ācārya* e guru) ficarem nas pontas dos pés de sua cama onde, adorou-os com todo o coração. Ele, de fato, serviu ao ensinamento dos conquistadores de um modo nobre. Como no caso dos reis anteriores, também convidou Instrutores budistas da Índia para virem ao Tibete, entre eles estavam Jinamitra, Surendrabodhi, Silendra-Bodhi, Dānashīla e outros. O rei também autorizou que os preceptores Ratnaraksita e Dharmatashila, juntamente com os tradutores Jnānasena e Jayaraksita, revisassem as antigas traduções feitas no período dos reis anteriores (que tinham se mostrado obscuras), para que escolhessem as palavras tibetanas mais corretas para os termos sânscritos ainda não traduzidos para os livros dos discípulos (*shrāvakas*) e nos livros *Mahāyāna* (Grande Veículo). Estes *pandits* prepararam, então, com a permissão do rei, uma edição em 16 volumes, de trabalhos conhecidos como a "Grande Mãe" (*Praja-Pāramitā*) em sânscrito: *Shatasahasrika-prajnapāramitā-sūtra* (o discurso em mil versos sobre a Perfeição da Sabedoria). Igualmente, as antigas traduções das palavras do Buda foram revisadas e reescritas na linguagem daquele tempo, dando impulso para a Roda do *Dharma* na "Terra das Neves". Isto finaliza o breve relato do antigo período da difusão do *Dharma*.

A Difusão Posterior

Após a morte do último monarca, o quadragésimo-segundo rei, Lang-dar-ma (836-842 d.C), odiou os ensinamentos budistas. Cometeu muita violência contra as *vishāras* budistas e tratou os budistas com grande crueldade, quase provocando o desaparecimento do *Buddhasāsane* (o ensinamento do Buda) durante o seu reinado. Temendo este rei, três seguidores da tradição do Instrutor Shantaraksita fugiram para a região de Khamba, no Tibete Oriental, onde foram ocultos como monges (*bhikshus*) com um preceptor. Deste período em diante, o número de monges gradualmente cresceu de novo; além disso, os Instrutores Dharmapāla e Sādhupāla, da Índia Oriental, mudaram-se do Tibete Ocidental para o Tibete Central. Como um resultado das atividades destes Instrutores, juntamente com a chegada do Mahāpandita Shākyashri de Kashimir, o *Buddhadharma* foi restabelecido no Tibete.

Desse tempo em diante, Instrutores indianos foram para o Tibete, enquanto muitos mestres-tradutores do Tibete, com grande sofrimento e muitas dificuldades foram para Índia e Nepal, para estudar o *Sūtra* e o *Tantra*, oferecendo grande quantidade de ouro aos pés dos grandes mestres e sábios da época. Ao retornarem ao Tibete, traduziram estes ensinamentos para o tibetano, o que provocou o crescimento do número de seguidores. Deste modo eles impediram o longo declínio da tradição do estudo e da prática; o ensinamento do Buda começou novamente a brilhar como o Sol. Este é um breve relato do período posterior de difusão do *Dharma* no Tibete.

As Várias Escolas Budistas

Existem muitas escolas budistas no Tibete, que recebem vários nomes, de acordo com a época, lugar, ensinamento e fundador. A *Nyingmapa* (os Antigos), assim denominada segundo o ponto de vista da época. *Sakya-pa, Stag-lung-pa, Drug-pa, Gedan-pa* são exemplos de escolas denominadas a partir de lugares. *Karma-Kargyupa* e *Vuluk-pa* homenageiam seus fundadores, enquanto a *Khadam-pa, Zog-chen-pa, Tayag-chen-pa* e *Shi-je-pa* são denominadas em função do seu ensinamento. Todas essas escolas podem, no entanto, ser divididas em dois grupos: *Nyingma* (a Antiga) e *Sama* (a Nova).

Que diferença é encontrada entre as duas? Quando o Budismo *Mahāyāna* difundiu-se pelo Tibete, era constituído de duas partes – o *Sūtra* e o *Tantra*. Mas aqui "velha" e "nova" refere-se somente à última (*Tantra*). Dos tempos antigos até a chegada do Instrutor Smrtijnāna, os livros do *Tantra* traduzidos são chamados de "antigas traduções" e aqueles que seguem este ensinamento são conhecidos como os Antigos ou os do Velho Estilo. Mas desde o tempo do *Lotsava* Rinchen-Zangpo, os *Tantras* traduzidos para o tibetano são chamados de "novas traduções" e seus seguidores, os do Novo Estilo. Este "*Lotsava*" fez a primeira tradução dos novos *Tantras* em 978 d.C e foi seguido no mesmo trabalho por outros. Como resultado de seus esforços, os novos *Tantras* e sua prática foram difundidos e estabelecidos no Tibete.

Entre as escolas encontradas no Tibete, até o presente, quatro se destacam. A primeira destas está na categoria dos antigos ensinamentos, e é conhecida como *Nyingma-pa*. As outras três são de novos ensinamentos e são conhecidos como *Kargyu-pa, Sakya-pa* e *Gelug-pa*. Introduziremos cada uma deles brevemente.

I. No ano 810 d.C., o *acharya* Padma-Sambhava de Udyana foi para o Tibete. Ele fixou-se na *vihāra* de Samye, onde traduziu 18 livro-s da *Mahāsiddhi* (Grande Realização) – literatura tântrica que trata da prática de meditação. Na presença do rei e de outras importantes pessoas, colocou em movimento o Círculo Adamantino do Grande Segredo (*Maharahasya-vajrayāna-chakra*). Esta linhagem estabelecida por Padma-Sambhava é conhecida como a escola tântrica dos Antigos (*Nyingma-pa*).

II. *Marpa* (o tradutor) nasceu em 1012 d.C, e durante sua vida visitou a Índia três vezes. No curso dessas peregrinações, sob a direção dos *siddhas* Naropa e Maitripa, traduziu e explicou importantes livros *tântricos*. A tradição fundada por ele e por seus destacado discípulo Jetsun Milarepa, é chamada *Kargyu-pa* ou a Transmissão Segredada. Esta escola é dividida entre oito subescolas, quatro das quais são consideradas como grandes e quatro menores. As primeiras são a *Kamtsanga-pa, Drigung-pa, Taglung-pa* e *Drug-pa*.

III. O ano de 1034 d.C., viu o nascimento no Tibete de Konchog-Gyalpo, que mais tarde ouviu os ensinamentos do *Lotsava* Drogmi sobre a senda e os frutos, de acordo com a tradição do Instrutor Dharmapala. Tendo praticado, tornou-se um grande mestre realizado, conhecido como o Mahāsiddha Vairupa ou Mahāpandita Gayadhāra. A escola iniciada por ele, e desenvolvida por seus discípulos, é chamada *Sakya-pa*.

No ano de 1039 d.C., o Instrutor Mahā-Pandita Dipankara-Sri-jñāna (*Atisha*), da grande monastério de Vikramashila, na Índia, foi para o Tibete. Ali este célebre Instrutor ensinou demoradamente os profundos ensinamentos do *Sūtra* e do *Tantra*. Ele estabeleceu, e seus discípulos desenvolveram, a escola Kadam-pa.

IV. Trezentos anos depois, em 1357 d.C., nasceu o grande ser Tsong-Khapa, que foi educado na escola *Kadam-pa*, tornando-se sábio e realizado nos ensinamentos. Atingiu o reto significado das palavras do Senhor Buda, junto com os comentários, como foram transmitidos no Tibete, através de sabedoria da audição, pensamento e desenvolvimento. Tendo atingido verdadeiro conhecimento dos ensinamentos do Senhor Buda, ensinou para seus discípulos de uma maneira muito convincente. A escola que fundou e que foi desenvolvida pelos grandes *scholars* (eruditos) que o seguiram (com Krednub-je) é conhecida como a *Gelug-pa* (os Virtuosos) ou Nova Kadampa.

Semelhança de Objetivos entre as Escolas

Algumas pessoas podem supor que pelo fato de existirem muitas escolas budistas no Tibete, há crenças, práticas e realizações opostas, uma vez que se encontram claras diferenças entre budistas e não budistas. Mas, na verdade, isto não é assim.

As diferenças entre budistas são somente superficiais, do mesmo modo como são as diferenças entre os aviões que vemos todos os dias. Alguns são pequenos e outros grandes e, embora sejam vistos diferentes desenhos, todos eles voam devido aos seus motores, à presença do ar e assim por diante, sendo todos eles chamados "aviões". Da mesma maneira, as superficiais e pequenas diferenças encontradas entre as escolas budistas no Tibete são vistas somente em relação aos meios hábeis usados e os métodos de prática. Tais meios e práticas estão baseadas nas experiências dos fundadores e são realizados pelas várias escolas para guiar os homens aptos a serem treinados para a reta senda. O objetivo de todas estas escolas é alcançar o Budado, e nesta questão não há diferença nas escolas. No entanto, "meios hábeis", neste caso, implicam o tríplice treinamento (ética, meditação e sabedoria) e nos quatro selos *mudras* [Todas as coisas condicionadas são impermanentes; Todas as coisas condicionadas são *duhkha* (insatisfatórias); Todos os *Dharmas* (acontecimentos experimentais) são sem alma ou "eu"; *Nirvāna* é paz. – N.E.] a serem usados na senda para o estado de Buda. Estes ensinamentos podem ser usados sem nenhuma contradição, se a prática é o caminho do *Sūtra,* do *Tantra,* ou ambos. Deveríamos entender que neste aspecto as práticas de todas as escolas são as mesmas.

O Primitivo e Autorizado *Buddhadharma* no Tibete

Algumas pessoas têm a ideia de que a religião do Tibete é a dos "lamas" e que eles criaram um sistema chamado "Lamaísmo". Dizem, também, que isso está muito longe dos verdadeiros ensinamentos do Senhor Buda. Tais ideias são muito desinformadas, pois não há um "ismo" dos lamas separado dos ensinamentos do Senhor Buda.

Todos os *Sūtras* e *Tantras* canônicos, que formam a base do *Buddha Dharma* no Tibete, foram ensinados pelo Senhor Buda em pessoa. Os *scholars* (eruditos) indianos fizeram um tríplice exame para decidir o significado e a autenticidade dos *Sūtras* e *Tantras*. Deve-se saber, também, que os grandes realizados e *yogis* atingiram a iluminação pela prática desses profundos ensinamentos. Finalmente os reis do Tibete, que eram como *Bodhisattvas*, seus destacados ministros e os compassivos tradutores, não tiverem preocupação com suas vidas, dinheiro e riqueza, com o objetivo de alcançar o reto conhecimento do *Dharma*. Letrados tibetanos, sofrendo inúmeras e variadas dificuldades no caminho para o Nepal e Índia, viajaram para lá muitas vezes para conseguir os manuscritos e as tradições corretas, e suas viagens podem ser comparadas a um rio sempre fluindo entre os dois países. Eles estudaram e praticaram o *Dharma* sob a orientação de grandes e destacados Instrutores, cuja erudição esta fora de dúvida. Eles satisfizeram esses Instrutores e servindo-os de todos os modos, ouviram o ensinamento do *Dharma* e traduziram-no, para a língua tibetana. Com base nestes ensinamentos, budistas tibetanos ouviram o *Dharma*, pensaram nele e praticaram-no. Além desse autêntico *Dharma* não existe um único ensinamento arbitrário iniciado pelos lamas no Tibete.

Se um ponto duvidoso surge entre os *pandits* tibetanos, ou quando alguma referência deve ser pesquisada em uma discussão do *Dharma*, eles sempre pensam. "Isto foi dito pelo Senhor Buda, ou não?" Ou talvez, "foi este ensinamento dado pelos "*pandits* indianos" ou não?". O *Dharma* tem sido sempre examinado dessa maneira. Somente com base na autoridade de uma declaração feita pelo Senhor Buda, ou pelos Instrutores indianos, foi algum ensinamento considerado estabelecido e, desse modo, aceito como verdadeiro.

Este texto foi escrito pelo Dalai Lama logo após o exílio na Índia; por esta razão, ele ainda se referia ao Tibete como o "nosso país".

gráfika
papel&cores
Fone:61 3344.3101